盾构隧道预制管片生产施工技术

宋鹏杰　徐　浩　李增良　主编

中国铁道出版社有限公司

2024年·北　京

内容简介

盾构管片是盾构施工的主要装配构件，是隧道的最内层屏障，承担着抵抗土层压力、地下水压力以及一些特殊荷载的作用。盾构管片是盾构法隧道的永久衬砌结构，盾构管片质量直接关系到隧道的整体质量和安全，影响隧道的防水性能及耐久性能。本书介绍了我国盾构隧道预制管片的生产应用现状，并从管片及盾构隧道设计、管片厂建设、管片生产组织、管片检验检测、管片拼装、管片缺陷预防与治理等多个方面全面介绍了盾构隧道预制管片生产和施工技术。

本书力求通俗易懂、简明实用，可用作盾构施工专业工程技术及管理人员的实用参考书。

图书在版编目(CIP)数据

盾构隧道预制管片生产施工技术/宋鹏杰，徐浩，李增良主编. —北京：中国铁道出版社有限公司，2024.12

ISBN 978-7-113-30907-7

Ⅰ.①盾…　Ⅱ.①宋…　②徐…　③李…　Ⅲ.①隧道施工-盾构法-管片-设计　Ⅳ.①U455.43

中国国家版本馆 CIP 数据核字(2023)第 240909 号

书　　名：盾构隧道预制管片生产施工技术
作　　者：宋鹏杰　徐　浩　李增良

策　　划：时　博
责任编辑：时　博　　**编辑部电话：**(010)51873065　　**电子邮箱：**crph@163.com
封面设计：郑春鹏
责任校对：安海燕
责任印制：樊启鹏

出版发行：中国铁道出版社有限公司(100054，北京市西城区右安门西街 8 号)
网　　址：https://www.tdpress.com
印　　刷：河北宝昌佳彩印刷有限公司
版　　次：2024 年 12 月第 1 版　2024 年 12 月第 1 次印刷
开　　本：787 mm×1 092 mm　1/16　**印张：**9.25　**字数：**206 千
书　　号：ISBN 978-7-113-30907-7
定　　价：48.00 元

编 委 会

前　言

随着社会经济的快速发展，各大中城市的交通状况逐渐拥挤，地铁建设已经成为解决城市交通问题的有效途径。目前全国在建的地铁隧道大部分采用盾构法施工，随之预制混凝土管片的用量就越来越大。预制混凝土管片作为盾构法隧道施工中的重要构件之一，它既有常规建筑工程用构件的生产工艺流程和质量标准，又有其高精度、高强度及高抗渗等特殊性能要求。这就对管片的质量提出了很高的要求，因此管片的生产工艺选择、质量控制的全生命周期管理就显得尤为重要。

《盾构隧道预制管片生产施工技术》共分为8章，第1章概述我国管片行业市场现状及发展前景；第2章介绍了管片及盾构隧道设计过程，管片受力分析和内力计算，管片接头计算，管片接缝构造设计，管片钢模设计，管片防水设计，管片预埋滑槽设计等；第3章介绍了管片厂选址建设，包括选址原则、场地规划、管片生产设备配置、管片模具选择、管片生产检测设备等；第4章介绍了管片生产组织，主要原材料及标准，管片生产工序及技术要点，生产技术要求，管片的养护、储运，冬季生产保障；第5章介绍了管片检验试验方法，包括水平拼装检验、检漏试验、抗弯性能试验、抗拔性能试验等；第6章介绍了管片拼装与管片应用案例；第7章介绍了管片缺陷预防与治理；第8章分析了管片新技术应用与发展趋势。书中介绍的管片生产、过程拼装施工案例，能使工程技术人员对地铁管片全生命周期施工有直观感触，以针对不同地质进行量体裁衣式管片设计，选择合适的管片施工方法，来满足施工设计要求。

本书主要由宋鹏杰、徐浩、李增良编撰，参与编写工作的有梁缄鑫、周虎兵、尚立忠、岳琳辉、庞旭洋、于祥涛、何小文、梁萌、黎永生、贾琦、张天波、刘少华、叶凯阳、张韶彬、金琦、王海勃、谢雄、胡燕翔、张磊、严盛越、吕永军、贾颖刚、王煜晨、韩康、张涛涛、杨东升。在此对参与编写和指导的各方专家表示衷心的感谢。

全书内容深入浅出，资料翔实，图文并茂，可供地下与隧道工程管片设计、施工、工程管理、科研等相关专业技术人员学习参考。

由于时间仓促，水平有限，书中疏漏在所难免，欢迎专家和读者批评指正。

作　者

2024年11月

目　录

1 概　述

1.1　盾构预制管片简介

人类交通网络的建立由地上转到地下是一次伟大的创举，最早的地下铁道工程采用基础明挖和现浇混凝土成洞的施工方法，在城市建设发展初期收到了很好的成效，世界许多著名大都市建成了很多早期的地下铁路。但是随着城市发展、城市地下工程逐步增多以及面向城市中心区域扩张，该种施工方法逐渐暴露出一些局限，迫切需要选用一种新的施工方法来建设城市地下铁道工程，盾构法施工正是在这种背景下应运而生的。

基础明挖和现浇混凝土成洞的施工方法，顾名思义就是在地面上先用机械开挖出一条“地下深沟”后再在“地下深沟”的底部、内壁和顶部现浇混凝土建成牢固的地下洞室结构，形成地下通道，最后在上面回填将道路恢复到原来的面目。这种类似“开膛破肚后缝合”的施工方法显然不能适应现代城市对现有建筑保护和地下铁路穿越建筑物的需要，也不能在高山和海底施工，于是地下隧道暗挖施工即盾构法得到了发展。盾构法施工的突出优势就是实现地下岩土层中开挖穿越而不会影响地上的建筑物，要想实现这种施工技术的飞跃有两大施工技术关键，即地下结构开挖技术和新挖隧道衬砌技术。现代盾构法施工采取盾构机进行地下结构开挖，同时将预制管片拼装成管环衬砌并成为隧道一道永久性结构，如图 1-1 所示，可见这种隧道衬砌管片的质量直接关系到隧道的质量与寿命，更关乎隧道上面建筑物的安全。

隧道衬砌管片是隧道衬砌安装和受力的最小单元，管片之间需要通过螺栓连接形成管环，在隧道长度方向上管环与管环通过螺栓连接才形成隧道的永久构筑物。隧道的管片衬砌要求在盾构施工中受到盾构机推进时的推力挤压而不变形不破裂，同时也要在衬砌成型后承受周围的水压力和土荷载而保持结构稳定。因此，隧道衬砌管片不仅自身需要极高的结构强度和抗渗要求，还要求很高的外形尺寸精度和预埋件质量，以保证接缝的严密，才能达到地下防水的稳定性。

如果将隧道视为一个产品，这个产品最终的体现是隧道衬砌管片以及由管片组成的隧道衬砌管环，因而可以说隧道衬砌管片的质量直接决定了整个隧道的工程质量。

隧道衬砌管片按拼装成型隧道的形状（目前出现过的）可分为：单圆、双圆和方形。其中单圆形也称环形，是目前最常见和最普遍使用的。

图 1-1　盾构预制管片

隧道衬砌管片按照隧道线形主要分为普通环形式和通用环形式。普通环形式包括标准环和左右转弯环，在直线段使用标准环，曲线段采用左右转弯环，竖曲线则使用不同厚度的橡胶垫块拟合。转弯环的拼装点位较为固定，不利于在隧道施工中对隧道轴线的精确控制。通用环是指在整条隧道施工中只使用一种具有一定楔形量的衬砌圆环，通过楔形圆环的有序旋转和组合，使得在同一隧道内仅采用这一种管片形式就能适合于直线、左转曲线、右转曲线等各种工况条件，不需要采用楔形贴片来拟合竖曲线，从而拟合出设计所需的线路。因此，理论上，只需要一套钢模具，即可实现隧道的任何形式的设计曲线，减少管片生产、存放、调度难度。

隧道衬砌管片的连接方式主要分为螺栓连接方式、无螺栓连接方式和一些其他的方式。通常采用螺栓连接，螺栓连接的数量块间一般 2～3 个，考虑地质情况、抗震要求一般每块不少于 2 根，一环对于中小直径盾构控制在 10～16 个，有时为满足错缝拼装要求，环间螺栓必须 360°范围内均匀设置。目前主要的连接方式为弯螺杆连接。

隧道衬砌管片是构成管片所有环的所有分块的统称，包括标准块(B)、邻接块(L1、L2)和封顶块(F)三类。管片的分块数量因隧道直径(对应管片环的周长)的不同而不同。原则就是不宜做得太大，以便于运输和安装。其中，封顶块只有一块；邻接块分布在封顶块的两侧，有两块。因此，分块数量的不同实际是指标准块的数量不同。隧道预制管片按照国家标准，以隧道形状、分类代号、块数、规格、管片在环内的位置、埋深情况、标准编号编排、标记。例如，圆形隧道、直线段管片、6 块、内径 5 500 mm、宽度 1 200 mm、厚度 350 mm、标准块的浅埋管片标记为 YZ 6-5500×1200×350-B-L GB/T22082；圆形隧道、通用管片、6 块、内径 5 900 mm、宽度 1 500 mm、厚度 350 mm、封闭块的深埋管片标记为 YT 6-5900×1500×350-F-H GB/T 22082。

钢筋混凝土管片生产的原材料主要是强度等级不低于 42.5 的硅酸盐水泥、集料、水、混凝土外加剂、掺合料、钢筋、钢纤维、混凝土等。钢筋混凝土管片生产工艺包括钢筋制作、钢模准备、混凝土浇筑、脱模、养护、储存等工艺流程。

根据 GB/T 22082—2017，隧道衬砌管片在出厂检验的时候，须对混凝土抗压强度、外观质量、尺寸偏差、水平拼装、检漏试验按规定抽样检验，均符合标准要求方能判定合格。

隧道衬砌管片在盾构推进过程中，由于线路规划、推进地质等不可避免的原因，难免会出现破损，属于常见现象。需要技术人员及时对破损管片进行标记、分析，并对破损区域进行修补，按照缺陷修补设计要求，管片修补部分混凝土强度应比目前管片强度高一等级。

1.2 我国盾构预制管片概况

1.2.1 我国盾构预制管片现状

我国目前开通及在建的城市地铁区间隧道大部分都采用了盾构法施工，同时越来越多的城市核心区隧道及穿江越海隧道采用了盾构（或 TBM）施工隧道，随着 21 世纪地下空间开发时代的发展，盾构法隧道已得到越来越广泛的应用。近年来，随着 TBM 与盾构技术的完善与推广，预制管片的需求量大增，钢筋混凝土管片的预制生产进入了高速发展期。目前，我国管片的预制生产，大多采用的是固定式生产模式，生产效率相对较低，模具的利用率也相对较低。近年来开始推广使用的管片自动化流水线，从入模、浇筑、养护、脱模等整条工序，全部在自动化流水线上进行。模具直接在生产线上，自动循环转入下一道工序，操作工人在固定的工位上作业，不必再像传统的制作方法，围着固定模具满场地转。

盾构管片是盾构隧道的主要装配结构构件，是隧道的最内层屏障，起着抵抗土层压力、地下水压力以及一些特殊荷载的作用。盾构管片是盾构法隧道的永久衬砌结构，盾构管片质量直接关系到隧道的整体质量和安全，影响隧道的防水性能及耐久性能。

我国预制管片商业化面临的现状是，管片习惯上作为工程标的一部分，还没作为产品单元单独进行验收，少数地区因供应的问题，有单独作为产品形式直接向甲方供货进行验收的情况。2010 年以前，我国没有制定相关的产品标准，原有标准没有涉及产品验收的规定，2010 年后各地才相继出台相关规范标准进行约束（表 1-1），相关产品标准已发布实施，配套标准正补充完善。同时，因地质条件、埋深要求等不同，结构配筋不同，盾构管片不属于标准产品，没有标准图集。近年来，随着地铁建设的发展，管片企业数、生产量正在迅速扩大。

表 1-1 管片行业相关标准

序号	标准编号	标准名称	发布部门	实施日期	状态
1	CJJ/T 164—2011	盾构隧道管片质量检测技术标准	住房和城乡建设部	2012-03-01	现行
2	DB13/T 2085—2014	盾构隧道混凝土管片	河北省质量技术监督局	2015-01-15	作废
3	DB21/T 3165—2019	钢筋钢纤维混凝土预制管片技术规程	辽宁省市场监督管理局	2019-08-30	现行
4	DB31/969—2016	轨道交通用预制混凝土衬砌管片单位产品能源消耗限额	上海市质量技术监督局	2016-06-01	现行
5	DBJ61/T 47—2014	地铁盾构隧道预制管片施工及验收标准	陕西省住房和城乡建设厅	2014-03-01	现行
6	GB/T 18173.4—2010	高分子防水材料 第 4 部分：盾构法隧道管片用橡胶密封垫	国家质量监督检验检疫总局	2011-06-01	现行

续上表

序号	标准编号	标准名称	发布部门	实施日期	状态
7	GB/T 22082—2017	预制混凝土衬砌管片	国家质量监督检验检疫总局	2018-11-01	现行
8	GB/T 31061—2014	盾构法隧道管片用软木橡胶衬垫	国家质量监督检验检疫总局	2015-06-01	现行
9	GB/T 38901—2020	纤维混凝土盾构管片	国家市场监督管理总局	2021-04-01	现行
10	JC/T 2030—2010	预制混凝土衬砌管片生产工艺技术规程	工业和信息化部	2011-03-01	现行
11	JC/T 2351—2016	预制混凝土衬砌管片安全生产规范	工业和信息化部	2016-07-01	现行
12	TB/T 3353—2014	铁路隧道钢筋混凝土管片	国家铁路局	2015-05-01	现行

与管片相关的名词解释：纵向——隧道的轴线方向；径向——隧道圆环的直径方向；环向——隧道圆环的圆周方向；纵缝——同环管片块与块之间的缝；环缝——管片环与环之间的缝；通缝——拼装时后一环管片纵缝与前一环管片纵缝对齐；错缝——拼装时前后环纵缝错开；环面——管片圆环的环向面；内弧面——圆环的环向内面；外弧面——圆环的环向外面；管片端头——每块管片的两个纵向端面；张角——两块管片端面接头缝在径向向外张开称外张角，反之称内张角；喇叭——两块管片端面接头缝在纵向向推进方向张开称前喇叭，反之称后喇叭；踏步——前后两环管片内弧面的不平整度。

1.2.2　我国盾构隧道预制管片类型

我国管片类型结构多样，从材质来说，分为铸铁管片、钢结构混凝土复合管片、钢筋混凝土管片（图 1-2）、钢纤维混凝土管片、预埋套筒钢筋混凝土管片（图 1-3）等；从结构形式来说，有箱形、平板形；从曲线拟合来说，有通用楔形、左右楔形、标准＋左右楔形；从拼装成洞形状来说，有圆形（大多数）、双圆、类矩形、马蹄形等。

图 1-2　钢筋混凝土管片

图 1-3　预埋套筒钢筋混凝土管片

目前，我国多用平板型钢筋混凝土管片，特殊地段加钢纤维，大直径盾构隧道大多采用通用楔形环，联络通道局部会用到钢管片，基本不用全铸铁等材质管片。

1. 按断面形状分类

管片按断面形状的不同可分为箱形(含中字形)、平板形、波纹形。

箱形管片是指因手孔较大而呈肋板形结构的管片。手孔大不仅方便螺栓的穿入和拧紧,而且也节省了大量的材料,并使单块管片重量减轻。箱形管片主要用于大直径隧道。在等量材料的条件下,与平板形管片相比,箱形管片具有抗弯刚度大、管片之间便于连接的优势。

平板形管片是指手孔较小而呈曲板形结构的管片,由于管片截面削弱小,对盾构推进油缸具有较大的抵抗能力,正常运营时对隧道通风阻力也小,因此,有利于运营通风。平板形管片在厚度相等时,抗弯刚度及强度均大于箱形管片。平板形管片既能用于中小直径隧道,也能用于大直径隧道,一般用于地面荷载大或穿越地面建筑群的隧道段。

2. 按材质分类

目前较常使用的管片主要有钢管片、球墨铸铁管片和钢筋混凝土管片。

(1)钢管片

钢管片的优点是重量轻、强度高、组装运输容易、可任意安装加固材料、加工容易;缺点是耐锈蚀性差、成本昂贵、金属消耗量大。钢管片比钢筋混凝土管片具有更大的承受不均匀荷载和变形的能力,常用于隧道通过高层建筑或桥梁等局部荷载下,以及地层不均匀的地段。国外在使用钢管片的同时,再在其内浇筑混凝土或钢筋混凝土内衬。

(2)球墨铸铁管片

球墨铸铁管片的特点是强度好、耐久性好、制作精度高;与混凝土管片的相对密度量小、掘削面小,只在少数特殊衬砌和承受特殊荷载的地点选用(如隧道联络通道,急转弯处等)。其缺点是成本较高,焊接困难。

(3)钢筋混凝土管片

由于施工条件和设计方法的不同,钢筋混凝土管片具有不同的形式,按管片手孔成型大小区分,可大致分为箱形和平板形两类。钢筋混凝土管片按照配筋,又可分为浅埋管片、中埋管片以及深埋管片,甚至还有超深埋管片。在管片生产时,根据盾构隧道设计埋深及地下水文地质情况,对混凝土管片进行分别配筋并使用抗压强度、抗渗强度不同的混凝土,深埋管片的配筋要求严格,管片抗压及抗渗强度要求高,中埋管片次之,浅埋管片要求最低。在我国北方地区,一般均为砂卵石层及粉细砂层,不做深埋浅埋的区分;南方地区由于大都为黏性土层等,需要根据具体情况分为深埋、中埋、浅埋等。钢筋混凝土管片成本低、耐久性好,可构建实用、无障碍衬砌。

管片因使用材料、断面形式及接头方式的不同而异,分类见表 1-2。

3. 按适用线形分

(1)楔形管片

具有一定锥度的管片称为楔形管片。楔形管片主要用于曲线施工和修正轴向起伏。管片拼装时,根据隧道线路的不同,直线段采用标准环管片,曲线段施工时采用楔形管片(左转弯环、右转弯环)。由楔形管片组成的楔形环有最大宽度和最小宽度,用于隧道的转弯和纠偏。用于隧道转弯的楔形管片由管片外径和相应的施工曲线半径而定。楔形环的楔形角由标准管片的宽度、外径和施工曲线的半径而定。采用这类管片时,至少需要三种管模,即标准环管模、左转弯环管模和右转弯环管模。

表 1-2　管片按材料、断面形式及接头方式分类

材　质	断面形式	接头方式
钢筋混凝土管片	箱形	直螺栓
	平板形	直螺栓
		弯螺栓
		榫接头
		钗接头
		楔接头
铁质管片(铸铁、球墨铸铁)	波纹形	直螺栓
	箱形	直螺栓
钢管片	箱形	直螺栓
复合管片(钢板＋钢筋混凝土)	平板形	直螺栓
		棒接头

(2)通用管片

通用管片是针对同一条等直径隧道而言的。该管片既能适用于直线段隧道，也能适用于不同半径的曲线段隧道。通用管片就是由楔形管片拼装而成的楔形管环。所谓通用，就是把楔形管环实施组合优化，使得楔形管环能适用于不同曲率半径的隧道。

1.2.3　我国盾构预制管片生产工艺

目前，我国管片生产工艺按其流水特点，一般可分为传统生产方式(固定模具法、固定振动台法)和自动流水线两种方式。

1. 管片传统生产方式

我国管片传统生产方式以固定模具法和固定振动台法为主。

(1)固定模具法

固定模具法以模具为中心，模具在生产车间内按环成排固定摆放(图 1-4)，每个模具下面都有附着式振动器(多为气动)。模具旁边设蒸汽管路，用于管片成型后的蒸汽养护。操作工人通过在每个模具之间来回移动来完成各个工序的操作。混凝土浇筑采用桥式吊车吊着混凝土料斗行走在每个模具上方来完成浇筑。管片起片时，同样采用吊车在每个模具上方再次行走将蒸养好的管片吊出。

(2)固定振动台法

固定振动台法以混凝土振动台为中心，混凝土浇筑及振动在固定位置，模具由桥吊吊装至振动台，管片混凝土浇筑振捣成型后吊装至养护区进行养护，其他施工工艺同固定模具法。

2. 管片自动流水线生产方式

自动流水线是指管理人员通过控制台电脑操作模具在生产线上有规律地按照一定节拍移动，各操作工人只需站在固定的工位上完成本工序的操作。

自动流水线由控制系统、生产线、养护线、振动台、平移小车、浇筑系统和养护系统共同

图 1-4　管片固定模具实景

组成，如图 1-5 所示。

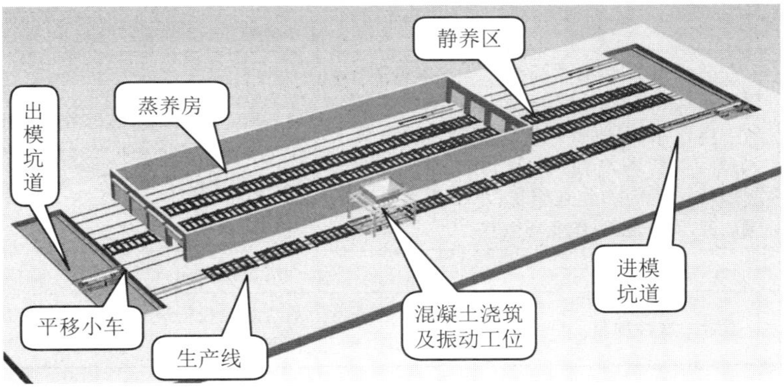

（a）管片自动流水线组成

（b）管片自动流水线实景

图 1-5　管片自动流水线

3. 管片生产模式比较

管片传统制作法与自动流水线法生产工艺各不相同，其工艺比较见表 1-3。

由表 1-3 可以看出，管片传统生产方式中，人工、材料、吊装设备均处于不断运动状态，造成管片生产厂房占地面积大、人工投入多、起吊设备往复运动繁忙、养护蒸汽热量排放浪费大、模具利用率低。一套模具平均一天可生产 2 环管片，但对设备维护要求低，仅在一次性管片生产时使用。

表 1-3　管片生产工艺比较

序号	项目	传统制作法	自动流水线法
1	特点	以模具或振动台为中心、桥吊为运输工具的生产组织系统	以振动台为中心，模板自行循环流动，减少桥吊运输的生产组织系统
2	设备组成	拌和站＋模具＋桥吊＋养护罩(池)	拌和站＋模具＋振动台＋传送线＋养护房(窑)＋桥吊
3	成型方法	附着式振动器、手动插入式振捣器	整体式振动台、手动插入式振捣器、附着式振动器
4	优点	前期投资少，工艺简单，操作方便	集成化程度高，专业化生产标准产品优势明显，生产率高，脱模前养护温度容易控制，节约能耗，节约劳动力；材料及设备运输路线明确，交叉作业少；作业环境整洁，污染小
5	缺点	混凝土拌和、运输及浇筑环节紧凑性差。质量受人工控制因素影响大；脱模前养护温度难以控制，蒸汽养护排放造成热量浪费大；劳动力投入大；生产车间占地面积较大；起吊设备投入大，作业繁忙；水平垂直运输交叉多，安全性差；作业环境差	对各施工环节操作熟练程度要求高；单条流水线中单个环节出现问题将严重影响整条生产线流水作业；对混凝土供应要求高
6	经济分析	一次性投资少	一次性投资大，投资风险较大
7	适用范围	适合一次性项目	适合新建投资规模大的专业管片工厂，适合多次或长期项目

自动流水线生产管片时，各作业工序的人工、设备、材料位置固定，通过全自动生产线将模具定时定点输送至各特定的操作工位，设备利用率高，人工操作工艺标准性强，生产效率成倍提高；材料及设备运输路线明确，交叉作业少，安全可控；管片厂房占地面积相对较小；管片养护温度容易控制，节能效果明显；作业环境整洁、污染小。目前一套模具一天可生产 4 环管片，多的可以达到 20～36 环管片，已成为我国混凝土管片市场的主流生产方式，但是对设备保养维护要求高，管理要求高，设备完好率直接影响生产效率。

4. *自动流水线工作原理*

自动流水管片生产线包括至少一条浇筑生产线、一条养护生产线、模具推进系统、混凝土上料浇筑系统、横移摆渡系统、智能蒸养控制系统、PLC 自动控制系统。根据流水作业区域，自动流水线划分为生产区、振捣房、静养区、养护区，如图 1-6 所示。

(1)控制系统

自动流水线上的所有动作指令都由控制系统发出，使流水线上的每个动作呈现协调一致。控制系统由电脑软件通过 PLC 控制各个驱动电机，由驱动电机或者驱动电机带动液压泵站来完成相应的动作，其中包括：平移小车前后行走、模具移动、养护窑门的升降、振动台顶升和下降、模具夹紧和松开、振动马达的启动和停止、混凝土料斗的移动和下料等一系列

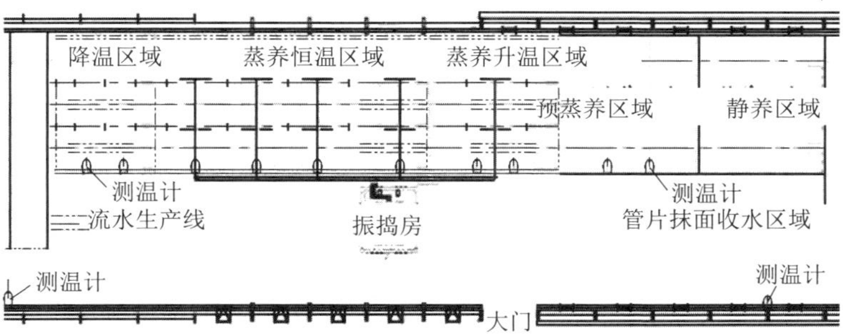

图 1-6　管片生产线布置

动作。当各个动作到位后都有相应的传感器或接近开关把动作情况反馈给 PLC,PLC 做出判断后就会做出下一个动作。控制柜如图 1-7 所示。

(2)平移小车

平移小车是把模具从生产线运送到养护线和从养护线运送到生产线的转运设备。它是一个液压系统,所有动作都是液压驱动。每条线的模具在动作之前小车都要在这条线的两端。因为,有一个模具在其中的一个车上向前推出,另一个小车就必须在这条线的另一端接住前面的模具,小车把等待养护的管片运送到养护窑养护,把养护好的管片运送到生产线脱模,这样就形成了循环。平移小车如图 1-8 所示。

图 1-7　控制柜

图 1-8　平移小车

(3)浇筑系统

浇筑系统是用来完成管片浇筑成型的组成单元。它的构成非常简单,就是一个可以在两条生产线上方只能垂直生产线方向行走的料斗小车。料斗小车有两个动作,一是前后行走来对准每条线的模具下料口,二是料斗门的开关来完成混凝土的浇筑。混凝土输送如图 1-9 所示。

(4)振动台

振动台是流水生产线上管片生产的必要设备。在自动化流水线上必须采用整体式振动台以提高工作效率和管片质量,即模具与振动台通过机械方式固定在一起,随同振动台整体振动,达到混凝土振实的目的。振动的时候需要气囊顶起来之后振动,这样就可以尽量减小对振动台基础和振动台本身设备的振动。为了在振动的时候不发生共振，通过变频器把频率控制在 65～70 Hz。振动台如图 1-10 所示。

图 1-9　混凝土输送

图 1-10　振动台

(5)养护系统

养护系统是由热源、温度传感器、温度控制器组成。管片养护的温度要求相对比较严格，升温速度不超过 15 ℃/h，降温速度不超过 20 ℃/h。管片养护分预养(与静停同时进行)、升温、恒温、降温四个过程。每个区域都在温度控制器上设定好温度范围，温度控制器会根据传感器反馈回来的温度自动控制各个区域的温度，来保证管片的蒸养条件。蒸汽管道如图 1-11 所示。

图 1-11　蒸汽管道

1.3　我国管片行业市场现状及发展前景

近年来，我国盾构管片企业及相关科研机构不断加大研究力度，专注于解决盾构管片普遍存在的钢筋锈蚀、高温爆裂、局部渗水等问题，预计未来一段时间，具备耐高温、耐腐蚀及抗渗性佳的盾构管片将成为市场主流。

在盾构法隧道施工中，盾构掘进时，隧道的衬砌由不同部位的管片拼成一节一节整环的钢筋混凝土结构，称为管环。为了适应地层条件和隧道曲线及盾构施工中纠偏等情形，隧道盾构管环按隧道所处地质条件和结构受力分为加强管环和非加强管环，每种管环又根据隧道曲线施工和纠偏需要分为组合管环(直线环＋左转环＋右转环)和通用管环两种。

生产多种形式的管片就需要多种模具，而每种管片的数量又与盾构法施工隧道的情况相关，必须形成配套的数量，致使管片生产场地、模具投入大，管理困难，管片拼装作业组织复杂。为此，隧道施工技术人员不断探索，广泛采用通用管片，并用楔形管片来满足弯道段隧道及盾构纠偏的需要。

采用通用管环主要优点如下：

(1)节约模具：一套通用管片模具即可，减少了前期采购模具的数量。

(2)有利管片生产：管片生产工厂可以连续生产，提高管片质量。

(3)模具重复使用：当一座隧道竣工后，管片模具可以在寿命范围内重复使用，为其他隧道生产管片。

目前，通用管环设计和施工在国内外已经是非常成熟的技术。世界上各盾构机制造厂家也都非常熟悉通用管环，所生产的盾构机均能适用通用管环。国内除北京等建设地铁较早的城市仍然采用直线、左右转管环外，其他如深圳、广州、上海、天津等城市已在地铁建设中使用通用管环。

我国盾构管片生产厂家随着城市地铁盾构隧道施工的发展而快速发展，如北京、西安等城市均分布有 4～8 家管片生产厂家，盾构法应用较成熟地区如广州、深圳等地管片生产厂家更多。中铁二十二局集团建筑构件有限公司占地面积 111 000 m^2，配备有 4 条“3＋1”生产线，日产达 100 环(700 片管片)，年度产量高达 30 240 环。2016～2022 年我国管片产量如图 1-12 所示。

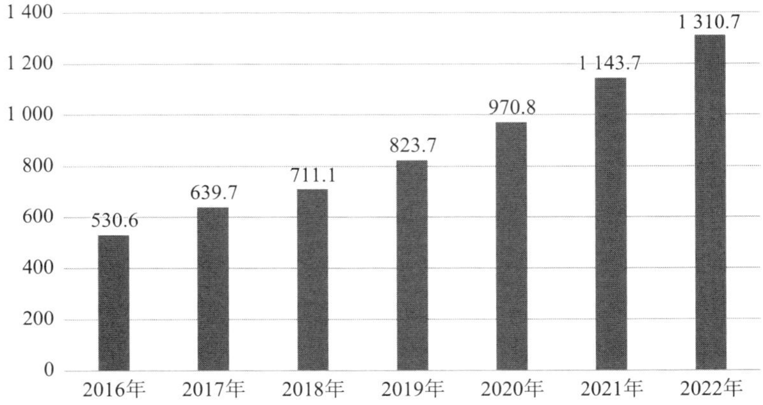

图 1-12 2016～2022 年我国管片产量(单位：万环)

管片行业的发展趋势与基建市场规模息息相关。近年来，国家、行业及地方主管部门也在积极推动城市基础设施建设，这使得管片产品具备了广阔的市场前景。数据显示，2016 年我国管片市场规模达 347.69 亿元，2022 年增至 1 850.27 亿元，如图 1-13 所示。

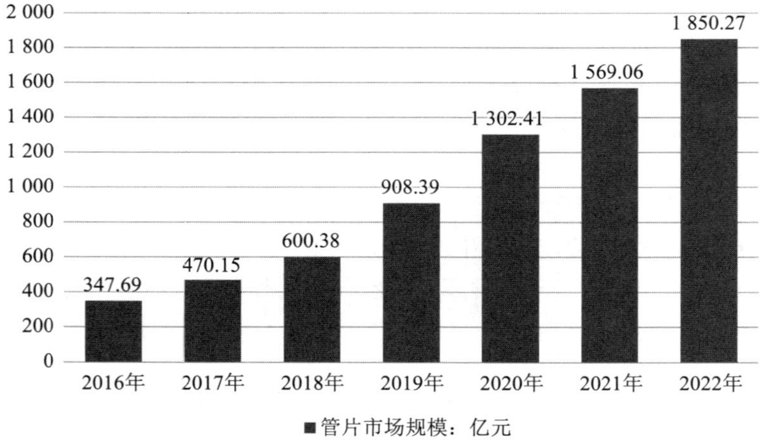

图 1-13　2016～2022 年我国管片市场规模

预制混凝土管片具有更好的耐久性和稳定性，可以减少地铁隧道维护成本，提高地铁运行效率。这将使得管片行业朝着更加技术密集型和资本密集型方向发展。随着绿色建筑和绿色城市建设的不断推进，管片行业也正朝着更加环保的方向发展。企业需要采取更加环保的生产方式和技术，以符合国家环保政策的要求。同时，采用环保材料和节能技术也将成为管片行业的新趋势。

我国将持续推进基础设施建设，其中城市排水管道改造、区域交通一体化等领域与管片行业密切相关，管片产品具有广阔的运用场景及巨大的市场需求。

2 管片及盾构隧道设计

2.1 管片及盾构隧道设计过程

2.1.1 盾构隧道岩土工程勘察

盾构隧道施工主要靠盾构机进行施工，与矿山法相比，其应对地质情况的能力相对较差。盾构施工中，重点在于使盾构与岩土能够很好地相互作用，即盾构机要做到“掘得进、排得出和稳得住”，才能保证隧道这个百年工程“耐得久”。因此，盾构隧道的设计与施工不仅要设计盾构机能够“顶得住”“掘得进”，还要设计与盾构机相配套、与地层相适应的衬砌管片。因此，查清盾构法相关的地质条件是盾构法隧道修建成功的基础。

盾构法施工隧道的岩土工程勘察不仅要针对盾构机选型、设计、盾构机掘进参数设定的专门要求，查明相关工程地质条件，还要对衬砌管片的承载岩土压力、防水设施提出应对措施和建议，例如对盾构始发(接收)井及联络通道加固范围和方法的建议，对设备选型及刀盘刀具的选择以及辅助工法的确定提出建议，对不良地质体处理和环境保护提出建议，对隧道下伏的淤泥层及易发生液化的饱和粉土层、砂层提出处理措施的建议，对不良地质作用及特殊性岩土可能引起的盾构法施工风险提出控制措施的建议等。

根据《城市轨道交通岩土工程勘察规范》(GB 50307—2012)，盾构隧道工程场地条件调查阶段工作主要是查明地上地下建构筑物，重点关注地下管线、人防工程，特别是线路隧道范围内可能出现的锚索、废弃的桩基础等障碍物。

对于地面上的建筑物，包括地表水体、街道和既有轨道线路(含铁路)，要做详细的调查，并进行环境风险评估。

1. *岩土工程勘察的阶段*

《岩土工程勘察规范》(GB 50021)明确规定勘察工作划分为可行性研究勘察、初步勘察和详细勘察三个阶段。

(1)可行性研究勘察

可行性研究勘察也称为选址勘察，其目的是要强调在可行性研究时勘察工作的重要性，特别是对一些重大工程更为重要。其主要任务是对拟选场址的稳定性和适宜性做出岩土工程评价。

勘察方法主要是在搜集、分析已有资料的基础上进行现场踏勘，了解场地的工程地质条件。如果场地工程地质条件比较复杂，已有资料不足以说明问题时，应进行工程地质测绘和必要的勘探工作。

(2)初步勘察

初步勘察的目的是密切结合工程初步设计的要求，提出岩土工程方案设计和论证。其主要任务是在可行性研究勘察的基础上，对场地内建筑地段的稳定性做出岩土工程评价，并为确定建筑总平面布置，对主要建筑物的岩土工程方案和不良地质现象的防治工程方案等进行论证，以满足初步设计或扩大初步设计的要求。

本阶段的勘察方法，在分析已有资料基础上，根据需要进行工程地质测绘，并以勘探、物探和原位测试为主。

(3)详细勘察

详细勘察的目的是对岩土工程设计、岩土体处理与加固、不良地质现象的防治工程进行计算与评价，以满足施工图设计的要求。

此阶段应按不同建筑物或建筑群提出详细的岩土工程资料和设计所需的岩土技术参数。显然，该阶段勘察范围仅局限于建筑物所在的地段内，所要求的成果资料精细可靠，而且许多是计算参数。本阶段勘察方法以勘探和原位测试为主。

对工程地质条件复杂或有特殊施工要求的重要工程，还需要进行施工勘察。施工勘察包括施工阶段和竣工运营过程中一些必要的勘察工作，主要是检验与监测工作、施工地质编录和施工超前地质预报。

2. 盾构隧道岩土工程勘察的重点地层

盾构隧道设计及施工中，要对于下面几种岩土类型地层重点予以勘察。

(1)黏性土地层

黏性土地层是盾构隧道施工比较理想的地层，但是由于其颗粒大小、土颗粒矿物成分、空隙率以及地下水影响，导致不同的黏性土层会对盾构施工带来不同的影响。

①黏粒含量高的高塑性的黏性土地层，容易造成盾构施工时刀盘结泥饼；

②高灵敏度的软土，土层易受扰动，上覆地层变形较大，如果超挖还会导致地面塌方；

③强度较低的软土，会导致盾构机姿态不好控制，出现盾构机蛇形行走的情况；

④含有膨胀性矿物的黏土层，由于土层具有膨胀性矿物，会在盾构机开挖的过程中遇水膨胀，易导致刀盘或盾体被卡住的问题。

(2)砂砾类地层

砂砾类地层的特点是细颗粒含量低，硬矿物含量高，渗透系数较大，自稳定性差。应设计泥水平衡式盾构机。如果考虑场地条件和考虑施工成本而选用土压平衡式盾构机掘进，需要对盾构机的刀盘、渣土改良系统、同步注浆系统和渣土排运系统进行改进，防止出现喷涌、刀盘刀具过度磨损以及地层失稳等的问题出现。

①重点查明砂砾地层的密实程度，确定相关力学参数；

②进行矿物含量分析，确定常见硬矿物如石英、长石和角闪石的含量，为刀具的选型和刀具寿命的预测提供参数；

③加强颗粒分析试验，分析各粒组含量，为渣土改良方案提供依据；

④结合地下水条件，做好疑似地层的砂土液化可能性判别工作，确定可能引起涌水、涌砂和隧道渗漏的敏感地层区划。

(3)砂卵石类地层

砂卵石类地层的特点是缺少细颗粒，且硬矿物含量高，渗透系数大，自稳定性差。这类地层大多选用泥水平衡式盾构机掘进，如果因场地和施工成本原因选用土压平衡式盾构时，必须做好盾构机的地质适应性设计，特别是刀盘的结构设计、刀具选型布置、渣土改良装置设计以及排渣系统的设计，施工过程中做好渣土改良和同步注浆，防止刀盘和螺旋输送机卡死、刀盘刀具过度磨损以及地层失稳的问题出现。大量的事实证明：砂卵石类地层的勘察重点在于查明卵石、漂石的粒径分布以及胶结情况，一般用钻探的手段不易查清尺寸较大的漂石，要结合区域地质条件，岩土的成因以及已有地质资料进行分析判断。砂卵石粒径大小直接影响盾构机刀盘的开口率，排渣系统的设计。砂卵石地层的粒径分布和含水情况也是泥浆浓度选择(泥水平衡盾构机)和渣土改良剂掺入比设定(土压平衡盾构机)的重要依据。

(4)砂层地层

对于砂层地层要能够准确查明砂层层面的位置。复杂的砂层地层与隧道的位置关系主要有三种：隧道全断面砂层、隧道部分断面砂层和隧道断面上部砂层。上述三种情况在盾构施工过程中都会引起较大的地面沉降，特别是在选用土压平衡盾构机的情况。其原因主要是砂层地层在刀盘的扰动下会在瞬间液化或流动，一旦土仓内的水土压力与工作面主动水土压力出现轻微的不平衡都会引起较大的地面沉降。

(5)复合地层

复合地层是指在盾构机施工范围内出现岩土力学、工程地质和水文地质等特征相差较大的几种地层的组合型地层。盾构隧道施工中面临的挑战最大的是复合地层是“上软下硬”的典型地层，即开挖断面的上部分是土层，下部分是岩层。这种地层会给盾构隧道施工带来一系列问题：盾构机姿态难控制、易喷涌、刀具快速磨损(滚刀偏磨)和地面变形大甚至塌陷。因此，对于此类地层首先要查明以下几种界面和层面：

①上软下硬的硬地层层面，不同程度的岩石风化界面；

②砂土地层和风化岩层界面；

③软土层和风化岩层界面。

由于风化界面没有规律，变化较大，采用钻探的方法探明有一定的困难，可以结合物探的方法来划分风化界面。

对于岩石地层，要查明岩石的类型、风化程度、硬矿物含量、完整性系数和岩体质量，并进行适用于盾构法施工的围岩质量分级，这些地质特征直接影响盾构机设计和施工参数的设定。

上软下硬地层分界面准确查明十分重要，特别是花岗岩和变质岩的层面和风化界面。因为在这种上软下硬情况下，盾构机的姿态很难控制，由于操作不当从而会引发管片错台和破损、隧道轴线超限等连锁事故。

(6)不良地质条件勘察

对于盾构隧道而言，不良的地质条件主要有：膨胀性岩土、土洞、岩溶、断层破碎带、孤石、球状风化体和有害气体，应通过专项勘察查明这些不良地质问题。

查明断层及其破碎带的范围、岩性和水文特征，尤其是几条区域性的断层破碎带的岩性很复杂，且透水性很好。盾构在通过断层带时一般会出现两种故障：断层带中的硅化角砾岩对刀具磨损严重或由于刀盘旋转时突然碰到大块断裂岩块出现的瞬间荷载会崩断刀具；裂隙水发育造成螺旋输送器的喷涌。

需要查明特殊地质体或地质现象有：

①花岗岩球状风化体

球状风化体是花岗岩风化过程中的一种特殊地质现象，花岗岩球状风化体的体积一般不大，直径通常为 1～3 m。花岗岩球状风化体对刀盘刀具造成极大的损坏，是目前在复合地层中盾构施工尚未能很好解决的难点之一。

②溶洞

盾构机在推进过程中一旦遇到溶洞，特别是较大的溶洞，会造成盾构机姿态的突然变化，从而引发隧道变形、大量漏浆等一系列的事故。

③土洞

土洞是其下部石灰岩岩溶作用的结果，有土洞的地方，溶洞也发育。若土洞位于隧道下部，对永久结构破坏的隐患较大。

(7)水文地质条件勘察

地下水位和地下水类型对盾构机的选型、盾构机密封系统的设计特别是盾尾密封刷的设计影响甚大，直接影响到施工过程中的工作参数设定，例如密封油脂的压力设定、注浆压力的设定、土仓内压力设定、渣土改良剂浓度和掺入比的选择。因此，勘察时需重点查明地下水类型、水质、埋藏条件、地层的渗透性和承压水头等以及地下含水层的分布、边界条件、补给条件及地下水的活动特征，并分析饱和砂土地层可能导致砂土液化、涌水涌沙和地面塌陷等工程地质问题。

盾构穿越地表水体时，应查明地表水体与地下水之间的水力联系，以使盾构进行针对性设计。沈阳地铁十号线长青桥站～浑南大道站区间隧道穿越浑河下方且穿越的地层主要为渗透性很好的圆砾、砾砂、粉细砂和中粗砂，浑河水与地下潜水水力联系密切，施工单位经过研究，决定放弃了之前选用土压平衡盾构机而选用泥水平衡盾构。

(8)岩土物理力学参数

盾构设备选型、设计、施工都与岩土参数息息相关，例如盾构设备选型设计所需的岩土试验成果有：孔隙水压力、渗透系数、土的黏聚力、内摩擦角、标贯击数、颗粒分布曲线、岩石风化程度、岩石单轴抗压强度、岩石抗拉强度、岩石 RQD、完整性系数、岩石结构构造和矿物成分或磨蚀性指标。

值得指出的是，地下水的水质对渣土改良剂的使用效果是有影响的。因此，地下水中的主要阴离子和阳离子的检测也应该得到重视，如果条件允许，应该试验分析水质对渣土改良效果的影响，在勘察报告中给出影响评价。

3. 工程地质测绘

工程地质测绘是运用地质、工程地质理论，对与工程建设有关的各种地质现象进行观察和描述，初步查明拟建场地或各建筑地段的工程地质条件。将工程地质条件诸要素采用不同的颜色、符号，按照精度要求标绘在一定比例尺的地形图上，并结合勘探、测试和其他勘察工作的资料，编制成工程地质图。

工程地质测绘是岩土工程勘察的基础工作，一般在勘察的初期阶段进行。这一方法的本质是运用地质、工程地质理论，对地面的地质现象进行观察和描述，分析其性质和规律，并借以推断地下地质情况，为勘探、测试工作等其他勘察方法提供依据。

勘探工作包括物探、钻探和坑探等各种方法。它是被用来调查地下地质情况的，并且可利用勘探工程取样进行原位测试和监测。

工程地质测绘中对各类岩土层应着重以下内容的研究：

(1)沉积岩类：软弱岩层和次生夹泥层的分布、厚度、接触关系和性状等；泥质岩类的泥化和崩解特性；碳酸盐岩及其他可溶盐岩类的岩溶现象。

(2)岩浆岩类：侵入岩的边缘接触面，风化壳的分布、厚度及分带情况，软弱矿物富集带等；喷出岩的喷发间断面，凝灰岩分布及其泥化情况，玄武岩中的柱状节理、气孔等。

(3)变质岩类：片麻岩类的风化，其中软弱变质岩带或夹层以及岩脉的特性；软弱矿物及泥质片岩类、千枚岩、板岩的风化、软化和泥化情况等。

(4)第四纪土层：成因类型和沉积相，所处的地貌单元，土层间接触关系以及与下伏基岩的关系；建筑地段特殊土的分布、厚度、延续变化情况、工程特性以及与某些不良地质现象形成的关系，已有建筑物受影响情况及当地建筑经验。

(5)地质构造：岩层的产状及各种构造型式的分布、形态和规模；软弱结构面(带)的产状及其性质，包括断层的位置、类型、产状、断距、破碎带宽度及充填胶结情况；岩土层各种接触面及各类构造岩的工程特性；晚近期构造活动的形迹、特点及与地震活动的关系等。

对节理、裂隙应重点研究以下三个方面：节理、裂隙的产状、延展性、穿切性和张开性；节理、裂隙面的形态、起伏差、粗糙度、充填胶结物的成分和性质等；节理、裂隙的密度或频度。

(6)地貌：研究地貌可借以判断岩性、地质构造及新构造运动的性质和规模，搞清第四纪沉积物的成因类型和结构，以及了解各种不良地质现象的分布和发展演化历史、河流发育史等。

工程地质测绘中地貌研究的内容有：地貌形态特征、分布和成因；划分地貌单元，地貌单元形成与岩性、地质构造及不良地质现象等的关系；各种地貌形态和地貌单元的发展演化历史。

在大比例尺工程地质测绘中，则应侧重于微地貌与工程建筑物布置以及岩土工程设计、施工关系等方面的研究。

洪积地貌和冲积地貌这两种地貌形态与岩土工程实践关系密切。

(7)水文地质：在工程地质测绘中研究水文地质的主要目的是为研究与地下水活动有关的岩土工程问题和不良地质现象提供资料。

在工程地质测绘过程中对水文地质条件的研究，应从地层岩性、地质构造、地貌特征和地下水露头的分布、类型、水量、水质等入手，并结合必要的勘探、测试工作，查明测区内地下水的类型、分布情况和埋藏条件：含水层、透水层和隔水层(相对隔水层)的分布，各含水层的富水性和它们之间的水力联系；地下水的补给、径流、排泄条件及动态变化；地下水与地表水之间的补、排关系；地下水的物理性质和化学成分等。

泉、井等地下水的天然和人工露头以及地表水体的调查有利于阐明测区的水文地质条件。

(8)不良地质现象:不良地质现象研究的目的是评价建筑场地的稳定性,并预测其对各类岩土工程的不良影响。

研究内容包括各种不良地质现象(岩溶、滑坡、崩塌、泥石流、冲沟、河流冲刷、岩石风化等)的分布、形态、规模、类型和发育程度,分析它们的形成机制和发展演化趋势,并预测其对工程建设的影响。

4. *岩土工程勘探方法*

岩土工程勘探常用的手段有钻探工程、坑探工程及地球物理勘探三类。

钻探和坑探工程是直接勘探手段,能较可靠地了解地下地质情况。

地球物理勘探简称物探,是一种间接的勘探手段,它可以简便而迅速地探测地下地质情况,且具有立体透视性的优点。

三类勘探手段在不同勘察阶段的使用应有所侧重。可行性研究勘察阶段较多地使用物探手段,钻探和坑探主要用来验证物探成果和取得基准剖面。初步勘察阶段以钻探工程为主,并利用勘探工程取样,作原位测试和监测。在详细勘察阶段,须进行直接勘探,与其配合还应进行大量的原位测试工作。

(1)钻探

钻探可以在各种环境下进行,一般不受地形、地质条件的限制,能直接观察岩心和取样,勘探精度较高,能提供作原位测试和监测工作,最大限度地发挥综合效益,勘探深度大,效率较高。

我国岩土工程勘探采用的钻探方法有冲击钻探、回转钻探和振动钻探等,按动力来源又将它们分为人力的和机械的两种。机械回转钻探的钻进效率高,孔深大,又能采取岩心,所以在岩土工程钻探中使用最广泛。

(2)坑探

常用的坑探工程有探槽、试坑、浅井、竖井(斜井)、平硐和石门(平巷)。其中前三种为轻型坑探工程,后三种为重型坑探工程。

与一般的钻探工程相比较,其特点是勘察人员能直接观察到地质结构,准确可靠,且便于素描,可不受限制地从中采取原状岩土样和用作大型原位测试,尤其对研究断层破碎带、软弱泥化夹层和滑动面(带)等的空间分布特点及其工程性质等,更具有重要意义。

坑探往往受到自然地质条件的限制,耗费资金大且勘探周期长。

(3)地球物理勘探

地球物理勘探简称物探,是用专门的仪器来探测各种地质体物理场的分布情况,对其数据及绘制的曲线进行分析解释,从而划分地层,判定地质构造、水文地质条件及各种不良地质现象的一种勘探方法。

物探设备轻便、效率高,在地面、空中、水上或钻孔中均能探测,易于加大勘探密度、深度和从不同方向敷设勘探线网,构成多方位数据阵,具有立体透视性的特点。但是,这类勘探方法往往受到非探测对象的影响和干扰,以及仪器测量精度的局限,其分析解释的结果就显得较为粗略,且具多解性。

物探工作的种类较多，在岩土工程勘察中运用最普遍的是电阻率法和地震折射波法。

(4)地质雷达

地质雷达是沿用对空雷达的原理，由发射机发射脉冲电磁波，其中一部分是沿着空气与介质(岩土体)分界面传播的直达波，经过时间 t_0 后到达接收天线，为接收机所接收；另一部分传入介质内，在其中若遇电性不同的另一介质体(如其他岩土体、洞穴等)就发生反射和折射，经过时间 t_s 后回到接收天线，称为回波。

地质雷达具有分辨能力强，判释精度高，一般不受高阻屏蔽层及水平层、各向异性的影响等优点。它对探查浅部介质体，如覆盖层厚度、基岩强风化带埋深、溶洞及地下洞室和管线位置等效果尤佳。

(5)土体原位测试

①静力载荷试验

平板静力载荷试验(PLT)简称载荷试验。其方法是在保持地基土的天然状态下，在一定面积的承压板上向地基土逐级施加荷载，并观测每级荷载下地基土的变形特性。测试所反映的是承压板以下大约 1.5～2 倍承压板宽的深度内土层的应力—应变—时间关系的综合性状。

载荷试验的主要优点是对地基土不产生扰动，利用其成果确定的地基承载力最可靠、最有代表性，可直接用于工程设计。

载荷试验按试验深度分为浅层和深层；按承压板形状有平板与螺旋板之分；按用途可分为一般载荷试验和桩载荷试验；按载荷性质又可分为静力和动力载荷试验。

载荷试验一般在方形试坑中进行。试坑底的宽度应不小于承压板宽度(或直径)的 3 倍，以消除侧向土自重引起的超载影响，使其达到或接近地基的半空间平面问题边界条件的要求。试坑应布置在有代表性地点，承压板底面应放置在基础底面高程处。

②静力触探试验

静力触探试验(CPT)是把具有一定规格的圆锥形探头借助机械匀速压入土中，以测定探头阻力等参数的一种原位测试方法。它分为机械式和电测式两种。机械式采用压力表测量贯入阻力，电测式则采用传感器和电子测试仪表测量贯入阻力。我国采用的是电测式。

③动力触探试验

动力触探试验(DPT)是利用一定的锤击动能将一定规格的探头打入土中，根据每打入土中一定深度的锤击数(或以能量表示)来判定土的性质，并对土进行粗略的力学分层的一种原位测试方法。

④旁压试验

旁压试验(PMT)也是岩土工程勘察中的一种常用的原位测试技术，实质上是一种利用钻孔作的原位横向载荷试验。

旁压试验的原理是通过旁压器在竖直的孔内加压，使旁压膜膨胀，并由旁压膜(或护套)将压力传给周围土体(或软岩)，使土体(或软岩)产生变形直至破坏，并通过量测装置测出施加的压力和土变形之间的关系，然后绘制应力—应变(或钻孔体积增量、或径向位移)关系曲线。

5. 地面控制点测量

在管片及盾构隧道设计的前期调研和勘测阶段，地面控制点测量是一项重要任务。地面控制点测量旨在获取与隧道建设相关的地表控制点的坐标和高程数据，为隧道设计和施工提供准确、可靠的空间定位基础。全站仪是一种精密的测量仪器，可以同时测量水平角、垂直角和斜距，从而确定地面控制点的坐标位置和高程。通过设置目标点并使用全站仪进行观测，可以获取具有高精度的地面测量数据。全球导航卫星系统（GNSS）是利用卫星信号进行定位的技术，如 GPS、GLONASS 等。通过在地面控制点上放置接收机，并接收多颗卫星的信号，可以实现对地面控制点的三维定位。GNSS 技术具有高精度和快速测量的优势，适用于大范围的地面控制点测量任务。基准点是具有已知坐标和高程的地点，可以作为地面控制点测量的参考。通过与已知基准点进行观测和计算，可以确定其他地面控制点的坐标位置和高程。

地面控制点测量提供了隧道建设所需区域的空间定位和坐标基准。通过测量地面控制点的坐标和高程数据，可以确保隧道设计和施工的准确性和一致性。地面控制点测量获取的数据可以用于地形分析和地质评估。通过观测地面控制点的高程变化和相对位置关系，可以绘制地形图、剖面图等，为隧道设计和施工过程中的地质问题提供重要信息。地面控制点测量结果可用于施工布置和导向。通过确定隧道控制点及其相对位置，可以制定合理的施工方案和导向原则，确保隧道的准确定位和稳定施工。地面控制点测量也可以用于隧道施工和运营阶段的监测和变形分析。通过对地面控制点进行定期测量，可以监测隧道周边地表的变形情况，并及时发现异常变形，采取相应的工程措施。地面控制点测量结果可以与其他测量数据（如地下水位、围岩位移等）进行联合分析和整体调控。通过综合不同测量数据，可以全面了解隧道周边环境和工程状态，提高隧道设计和施工的安全性和效率。

地面控制点测量在管片及盾构隧道设计的前期调研和勘测中具有重要意义。通过采用全站仪测量、GNSS 定位技术和基准点测量等方法，可以获取地面控制点的精确坐标和高程数据，为隧道设计和施工提供空间定位基础。地面控制点测量不仅可以用于确定隧道建设区域的坐标基准、进行地形分析和地质评估，还可以指导施工布置和导向，监测变形情况，并与其他测量数据进行联合分析与整体调控。这些信息对于保证隧道工程的准确性、安全性和稳定性至关重要。

为了确保测量结果的准确性，应选择适当的测量仪器和技术，并遵循严格的操作规范。对于高精度要求的隧道项目，可能需要采用更为精密的测量设备和方法。在进行地面控制点测量时，需考虑使用的坐标系统和相应的坐标转换。确保控制点的坐标与隧道设计和施工所采用的坐标系统一致，并进行必要的坐标转换，以保证数据的连续性和一致性。地面控制点测量过程中应进行校核和质量控制，以验证测量数据的准确性和可靠性。通过重复观测、对比分析等方法，可以评估测量误差并优化测量结果。测量数据应进行良好的管理和存档，包括记录观测参数、标注控制点位置和编号、保存原始观测资料等。合理的数据管理有助于后续数据分析、问题追溯和工程验收。

综上所述，地面控制点测量在管片及盾构隧道设计的前期调研和勘测中是至关重要的。它为隧道设计和施工提供了准确、可靠的空间定位基础，有助于确保隧道工程的准确性、安全性和稳定性。同时，需要注意测量精度、坐标系统转换、校核和质量控制以及数据管理等方面的问题，以提高测量效果和数据可靠性。

6. 数据处理和分析

在管片及盾构隧道设计的前期调研和勘测阶段，数据处理和分析是不可或缺的一部分。通过对采集到的各类数据进行处理和分析，可以提取有用的信息，为隧道设计提供科学依据和决策支持。

首先需要对采集到的原始数据进行清洗，去除异常值、噪声和错误数据。这可以通过数据验证、筛选和校验等方法实现，确保数据的质量和可靠性。对清洗后的数据进行整理和编码，建立统一的数据格式和结构。这有助于数据的管理和分析，并为后续的计算和模型建立提供便利。在某些情况下，采集到的数据可能不完整或存在缺失值。通过插值和外推方法，可以填补数据的空缺，以获得连续的数据序列，并保证数据的完整性和连贯性。采用统计方法对数据进行分析，包括描述统计、频率分布、相关性分析等。统计分析可以揭示数据的分布特征、趋势和相关关系，为隧道设计提供参考依据。针对地理位置相关的数据，可以进行空间分析。通过地理信息系统(GIS)等工具，对地质、地形、水文等空间数据进行叠加分析，以探索空间关联性和优化设计方案。根据采集到的数据和已有的理论知识，可以建立模型和进行仿真分析。例如，使用地质模型、水文模型或结构力学模型等，评估隧道施工和运营阶段的影响，预测可能出现的问题并制定相应的解决方案。

通过对勘测数据的处理和分析，可以深入了解地下环境的地质、水文、地貌等特征。这有助于确定施工条件、预测工程风险，并为隧道设计和施工阶段的决策提供科学依据。通过对采集到的数据进行分析，可以评估不同设计方案的可行性和效果。优化设计方案可以提高隧道工程的效率、经济性和环境友好性，并减少施工风险。数据处理和分析可以用于验证已有的模型和假设。通过将实测数据与理论模型进行对比分析，可以确定模型的适用性和精度，并调整或改进模型以更好地符合实际情况。通过对数据进行分析，可以识别潜在的风险因素，并进行风险评估和管理。这有助于制定相应的风险控制措施和预防策略，减少施工风险和事故发生的可能性。数据处理和分析为隧道设计提供决策支持。通过对勘测数据进行深入分析，可以从多个角度评估方案的可行性和优劣，并为决策者提供科学、客观的依据。这有助于选择最佳的设计方案，提高项目的成功率和效益。数据处理和分析的结果也可以为后续工作提供指导。例如，在施工阶段，根据数据分析结果可以制定合理的施工计划和控制措施；在运营阶段，可以基于数据分析结果制定隧道维护和管理策略。

在数据处理和分析过程中，需要关注数据的质量和可靠性。确保采集到的数据准确无误，并进行必要的数据验证和校验。若发现异常或错误数据，应及时进行修正或重新采集。在数据处理和分析过程中，要注意数据的安全和保密。遵循相关法律法规，保护隐私信息和敏感数据，并采取安全措施，防止数据泄露和不当使用。在前期调研和勘测过程中，可能涉及多个来源的数据。对于不同类型和格式的数据，需要进行整合和融合，以便更全面地分析和利用数据。采用数据可视化的方式，将处理和分析结果以图表、图像等形式展示出来，可以更直观地理解和传达数据的含义。数据可视化有助于快速识别模式、趋势和异常，提高数据分析的效果。

2.1.2 管片生产工艺设计

生产工艺是指生产过程中各个工序按一定方式和顺序的组合,工序过程在时间和空间上的组织形式构成了生产工艺流程。生产工艺设计在管片厂布置中起着主导作用,工艺设计的目的主要是拟定工厂的生产工艺流程,确定工艺设备和工艺制度,绘制工艺布置图,并为其他各设计工种(土建、水电和设备等)提供必要的技术依据。

在工艺设计中,工艺流程设计是首要工作和中心内容。不同的工艺流程决定着采用不同的工艺设备和制度,也直接影响着整个生产厂的规划和布置。在生产工艺流程中,管片成型阶段的生产组织方式是核心部分,其他阶段都是围绕着这个核心运转的。管片成型阶段的生产组织方式按照模具运行方式和流水特点分为固定台座法、机组流水法和流水传送法,每种方式各具特点、适应对象和优缺点。管片生产工艺对比见表 2-1。

表 2-1 管片生产工艺对比

项目	固定台座法	机组流水法	流水传送法
运行特点	以固定的模板为中心,桥式起重机为主要运输工具的生产流水系统	以固定的振动台为中心,桥式起重机为主要运输工具的生产流水系统	以固定的振动台为中心,采用自动化传输线为主要运输方式的生产流水系统
主要设备	模板+起重机+振捣和养护设施	振动台+棋板+起重机+养护设施	振动台+模板+自动化传输线+起重机和养护设施
成型方法	附着式振捣、手动插入式振捣	机械振动	机械振动
优缺点	优点:模位静态有利于质量控制,工艺简单 缺点:分散布置模位使占地面积较大,人工振捣会影响产品质量稳定性	优点:工艺简单且紧凑,可集中养护增加其效率 缺点:带模起吊增加起重机负荷;模具移动频繁易发生变形	优点:生产组织自动化程度高 缺点:产品质量和生产效率受传输线影响较大

2.1.3 管片厚度和环宽确定

1. 单层衬砌和双层衬砌的选择

一般地铁隧道、过江隧道衬砌均为单层结构,但对于通行货车的铁路水底隧道(如钱塘江越江隧道)、高地震烈度水底隧道(如日本东京湾水底隧道)、对内表面光滑度或防水要求高的水底隧道(如穿越黄河输水隧道),则考虑为双层衬砌结构,二次衬砌为现浇钢筋混凝土。

2. 管片厚度选择

(1)衬砌管片厚度取值(0.04～0.06)D(D 为盾构隧道外径),地铁区间隧道一般为(0.045～0.056)D,大直径隧道相对厚度较小,一般为(0.04～0.05)D,也有个别隧道达到 0.07D。

(2)二次衬砌厚度

衬砌厚度的选择与地质条件、荷载条件密切相关,但更多情况下是经验取值,经计算确定。一般情况下,盾构隧道二次衬砌厚度为 150～350 mm。

3. 管片环宽及楔形量

(1)管片环宽主要与隧道直径、最小曲线半径相关,对于直径 6～10 m 的盾构隧道,原来环宽取值多为 1.0～1.6 m,随着盾构技术的发展,环宽有增大趋势。目前,直径 6 m 的盾构隧道管片环宽为 1.2 m、1.5 m,直径 10 m 及以上的盾构隧道管片环宽多为 1.5～2.0 m。

(2)管片楔形量 Δ 与隧道外径 D、管片环宽 B、最小曲线半径 R 直接相关,即 $\Delta = BD/R$。最小曲线半径 R 的确定需要考虑管片模具的再利用、掘进纠偏的需要。

2.1.4 管片接头及拼装方式确定

管片接头上作用着弯矩、轴向力以及剪切力,但其结构性能根据管片对接面的对接状态和紧固方式会有很大的不同。有的拼接方法即使不设紧固装置,也能抵抗基本的剪切力。传统上多使用全面的拼对方式,但近期部分对接、楔式对接及转向对接的使用频率有日趋增长的趋势。为了提高管片环的刚性,管片接头多用金属紧固件连接。为了达到管片拼装高效化、快速化的目的,开发了多种金属紧固件。

管片有环向接头和纵向接头。接头的金属紧固件有直螺栓、弯螺栓、斜插螺栓、榫槽加销轴等多种形式。为了避免管片采用弯螺栓或大面积开孔,开发了斜插螺栓的形式。直螺栓接头是最普遍常用的接头形式,不仅用于箱形管片,也广泛用于平板形管片。直螺栓连接条件最为优越,在施工方面,该形式的螺栓就位、紧固等最能让施工人员接受。弯螺栓接头是在管片的必要位置上预留一定弧度的螺栓孔拼装管片时把弯螺栓穿入弯孔,将管片连接起来,如图 2-1 所示。

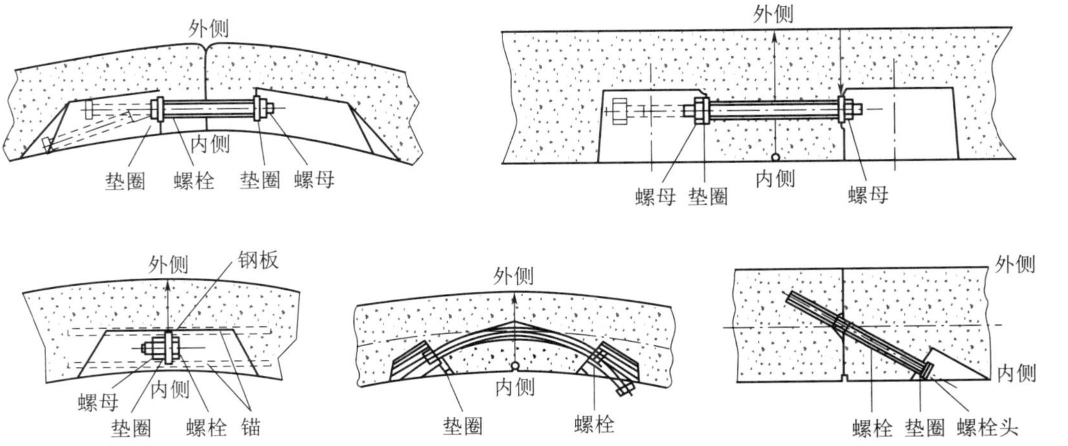

图 2-1 管片连接形式

斜插螺栓在欧洲是最常用的接头形式。因相邻环之间采用有效的榫槽错缝拼装形式,因此隧道掘进到 200 环以后,一般会拆除所有环的纵向螺栓。欧洲专家认为:拆除螺栓以后的隧道能适应普通的荷载以及一定烈度(7 度)的地震荷载。环向的隧道接缝主要弯矩由相邻环的管片承担，另一部分由接头偏心受压面负担，故斜槽螺栓预埋螺母（螺栓套）的设计至关重要，其直接影响管片的拼装速度及施工质量。目前我国用于管片连接的斜插槽接头是一种改良型接头，该接头形式可避免管片大面积开孔，还可相应减少螺栓的用钢量。

环向接头的螺栓是把分散的管片进行连接的主体部件，螺栓的数量与位置直接影响圆环的整体刚度和强度。我国环向接头普遍采用单排螺栓，布置在管片厚度（偏于内弧侧）三分之一左右的位置，每处螺栓的接头数量不少于 2 根。

2.1.5 传力衬垫的选择

传力衬垫粘贴在管片的环缝和纵缝内，以起到应力集中时的缓冲作用。它不属于防水措施。传力衬垫根据不同位置、不同受力条件、不同使用习惯，其材料性质、厚度、宽度各有不同。我国最早明确提出使用衬垫的工程是上海地铁 1 号线试验段，当时主要采用的是 2 mm 厚的胶粉油毡，以后的工程则大多采用丁腈橡胶软木垫，也有采用软质 PVC 塑料地板，或经防腐处理过的三夹板等。软质 PVC 塑料地板及胶粉油毡薄片在混凝土预制块中受压时，均反映出加工硬化的缺点而不被广泛采用。管片传力衬垫如图 2-2 所示。

图 2-2　管片传力衬垫

目前，地铁盾构用管片的传力衬垫一般采用厚度为 3 mm 丁腈橡胶软木垫，衬垫使用单组分氯丁-酚醛胶黏剂粘贴在管片上。一般除封顶块贴 1 块传力衬垫外，其余每块管片上贴 3 块传力衬垫。

2.1.6 弹性密封垫与脚部防水材料的选择

管片接缝面防水是盾构隧道防水的重要环节。盾构隧道防水的核心就是管片接缝防水，其关键是接缝面防水密封材料的选择及其设置。一般在管片的接缝面设置密封材料沟槽，在沟槽内贴上框形三元乙丙橡胶或遇水膨胀橡胶弹性密封垫圈进行防水。管片脚部防水一般采用自黏性橡胶薄片，其材料为未硫化的丁基橡胶薄片，尺寸一般为长 200 mm×宽 80 mm×厚 1.5 mm。

2.1.7 管环分块设计

从降低制作费用、加快拼装速度、提高防水性能以及提高管环结构整体性角度考虑，管环的分块数量越少越好。但如果分块过少，单块管片的重量过大，从而导致管片在生产、运输、拼装过程中出现各种各样的问题。管环的分块数应根据隧道的直径大小、螺栓安装位置的互换性（错缝拼装时）而定。地铁隧道常用的分块数为 6 块（3A＋2B＋K）和 7 块（4A＋2B＋K）。

封顶块有大、小两种，小封顶块的弧长 S 以 600～900 mm 为宜。封顶块的楔形量宜取

1/5 弧长左右，径向插入的封顶块楔形量可适当取大一些，此外每块管片的环向螺栓数量不得少于 2 根。

管环分块时需要考虑相邻环纵缝和纵向螺栓的互换性，同时尽可能地考虑让管片的接缝安排在弯矩较小的位置。一般情况下，管片的最长弧长宜控制在 4 m 左右，管环的最小分块数为 3 块，小于 3 块的管片无法在盾构内实施拼装。管环分块如图 2-3 所示。

图 2-3 管环分块

2.2 管片受力分析和内力计算

国内外盾构隧道管片设计计算时均要考虑其安全性、经济性和安装适用性，并从盾构隧道横断方向和纵断方向两个方面进行。通常，盾构隧道横断方向的设计决定了管片的断面，盾构隧道纵断方向的设计决定了盾构隧道抗地震、抵抗地基沉降的能力。

2.2.1 管片设计计算的荷载确定

管片设计计算时应考虑盾构隧道用途、围岩状况、目标荷载、管片结构及所要求计算精度等的影响。确定衬砌结构所承受的荷载，对结构内力计算非常重要。而作用在衬砌结构上的荷载，又存在许多不确定因素，所以必须根据每个施工阶段的变化及使用阶段荷载的变动，选择使衬砌结构的荷载效应为最大、工作状态为最不利的荷载组合。通常所采用的荷载种类见表 2-2。

表 2-2 管片设计所采用的荷载种类

作用分类	结构受力及影响因素	荷载分类		
永久荷载	结构自重	恒载	主要荷载	管片设计时通常必须考虑的基本荷载
	垂直土压力和水平土压力			
	水压力			
	上覆荷载的影响			
	地层压力			
	地层抗力(地基反力)			
	内部恒载			
	混凝土收缩和徐变的影响			
可变荷载	地面活载所产生的土压力	活载		
	列车活载及其动力作用			
	公路车辆活载及其动力作用			
	人群荷载			
	温度变化的影响	附加荷载		施工过程中和隧道完工后所承受的荷载，是必须根据隧道用途加以考虑的荷载
	盾构施工荷载			

续上表

作用分类	结构受力及影响因素	荷载分类	
偶然荷载	落石冲击力	特殊荷载	根据地层条件、隧道的使用条件等必须予以特别考虑的荷载
	地震力		
	平行或交叉隧道设置的影响		
	近接施工的影响		
	地基沉降的影响		
	其他		

2.2.2 管片设计计算方法概述

一般,盾构隧道管片设计计算方法常见的有四种类型,见表 2-3。

表 2-3 盾构隧道管片设计计算方法

项目	设计方法			
	惯用法	修正惯用法	多铰圆环法	梁—弹簧模型法
简化结构特点	将管片环作为刚度均匀的环来考虑的设计计算法,此方法不考虑管片接头部分的弯曲刚度下降,管片环和管片主截面具有同样刚度,并且弯曲刚度均匀	将管片环考虑为弯曲刚度均匀的环,但考虑了管片接头部分的弯曲刚度下降和环向螺栓处的弯矩上升	将管片接头作为铰结构来考虑,地基与管片环之间的相互作用用地基弹簧来表示	将管片主截面模拟成梁,将管片环向接头模拟成旋转弹簧,将环径向接头模拟成剪切弹簧,将地基与管片环之间的相互作用用地基弹簧来表示,其较为接近实际情况
荷载系统	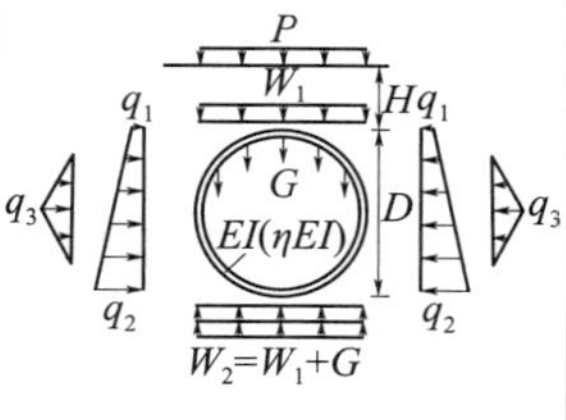	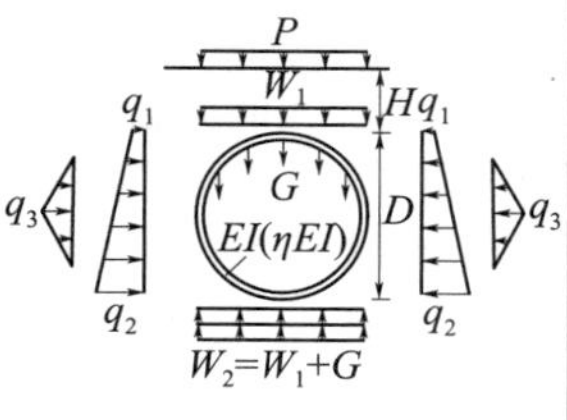	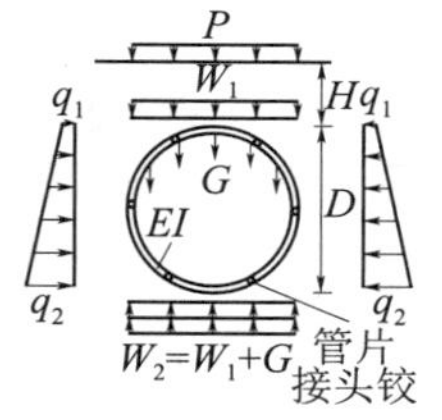	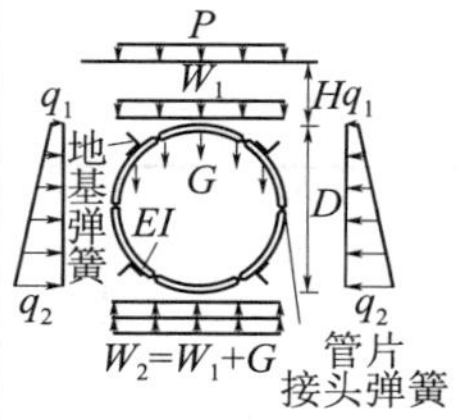
地基抗力特性	自环顶部向左右 45°～135°分布的均布(三角形)荷载	自环顶部向左右 45°～135°分布的均布(三角形)荷载	地层抗力全部转换成地基弹簧	地层抗力大部分转换成地基弹簧
轴力分布	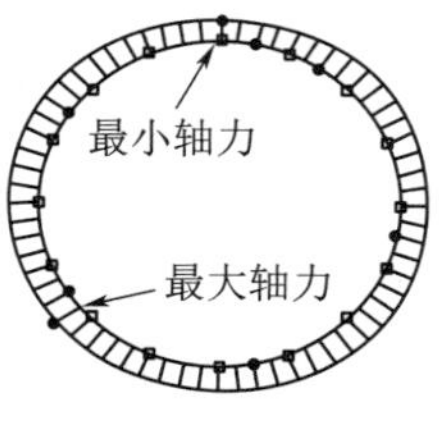	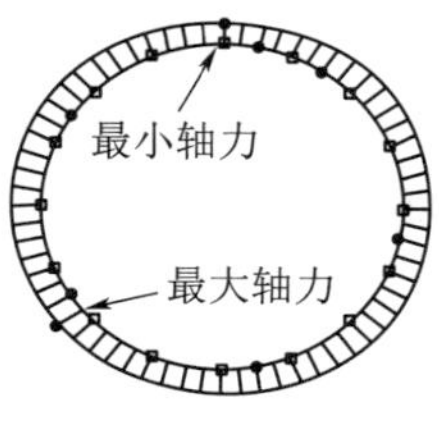	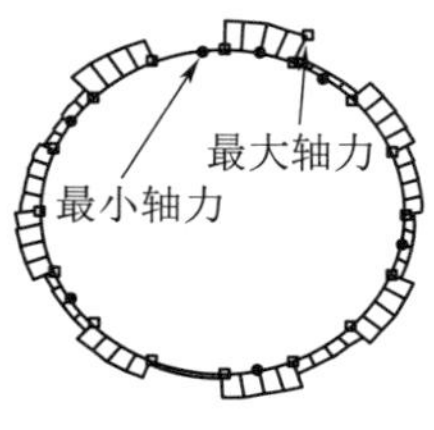	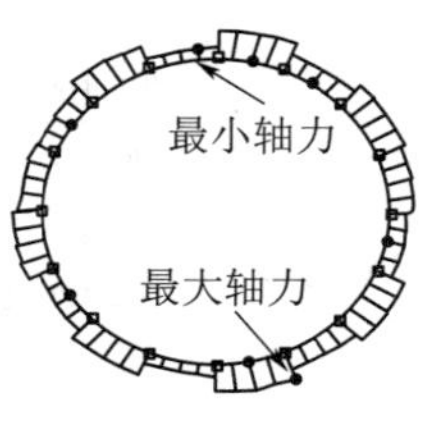

续上表

项目	设计方法			
	惯用法	修正惯用法	多铰圆环法	梁-弹簧模型法
剪力分布	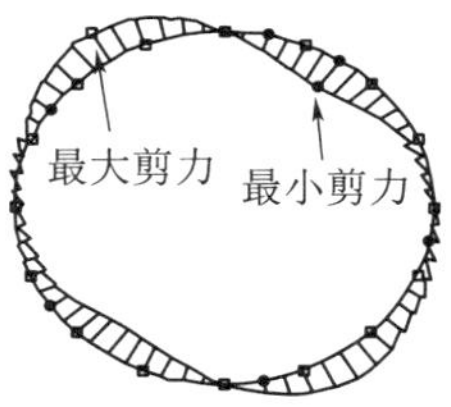	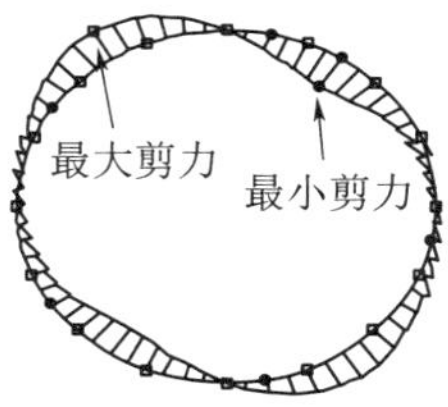	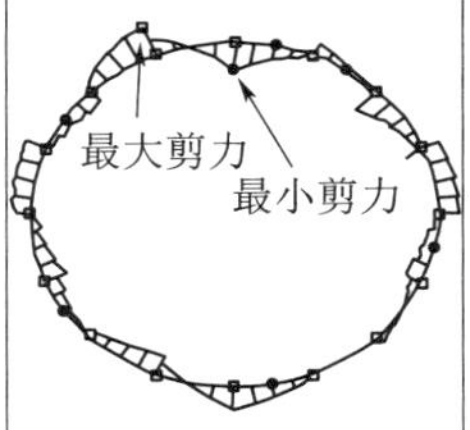	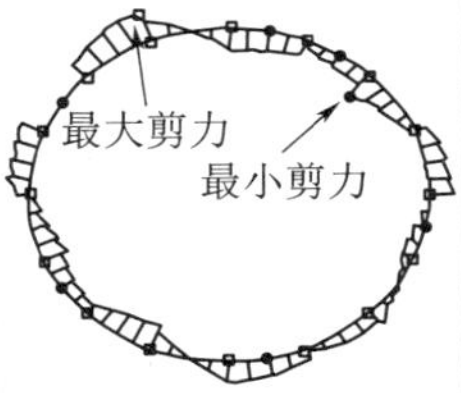
弯矩分布	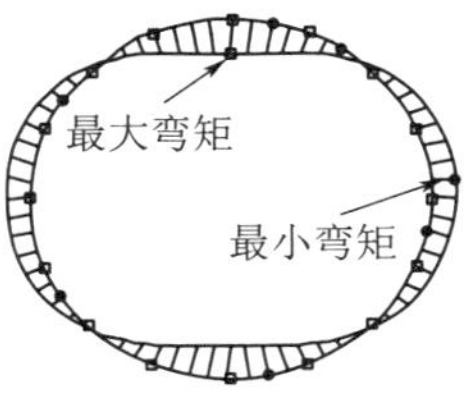	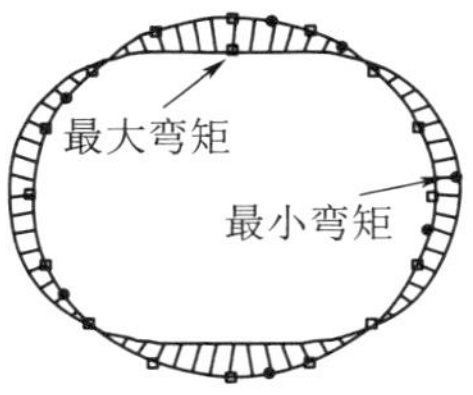	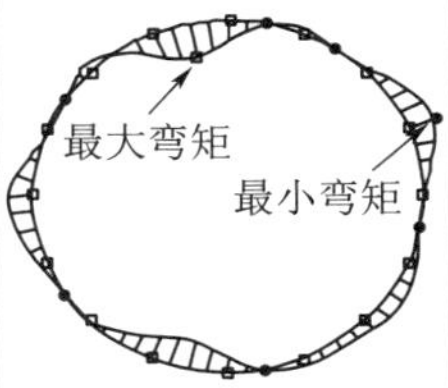	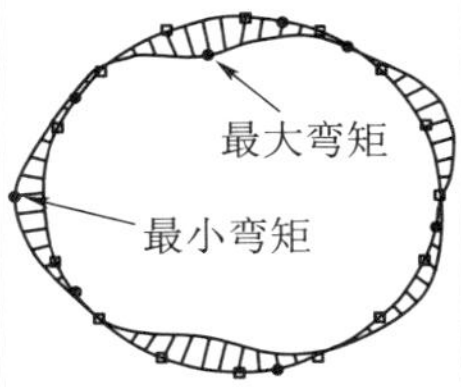

惯用法与修正惯用法的轴力基本相同，多铰环法与梁—弹簧模型法的结果比较接近，多铰环法与梁—弹簧模型法的计算轴力大约是惯用法和修正惯用法计算值的 1.25～1.3 倍；惯用法和修正惯用法的剪力比较接近，梁—弹簧模型法的剪力最大，多铰环法次之，惯用法和修正惯用法最小，梁—弹簧模型法∶多铰环法∶惯用法和修正惯用法约为 2.2∶1.5∶1.0；修正惯用法和梁—弹簧模型法的计算弯矩较大，且较为接近，多铰环法的计算弯矩最小，惯用法的计算弯矩居中，修正惯用法的计算弯矩最大可达到多铰环法的 2 倍左右。

2.2.3 管片材料的确定

盾构隧道的工程材料应根据隧道衬砌类型、受力条件、使用要求和环境条件等选用，并应满足可靠性、耐久性和经济性要求。

对于钢筋混凝土衬砌管片，混凝土强度等级不应低于 C50，且应采用防水混凝土。当混凝土结构有耐腐蚀要求时，应采用相应的耐腐蚀混凝土。防水混凝土不应采用高水化热水泥，宜掺入高效减水剂、粉煤灰或磨细矿渣，控制水泥用量，限制水胶比，以及控制混凝土入模温度。而所用的钢筋材料性能应符合下列规定：受力钢筋宜采用 HRB400、HRB500 钢筋，箍筋宜采用 HPB300、HRB400 钢筋。其中环向受力钢筋应符合下列规定：钢筋的抗拉强度实测值与屈服强度实测值的比值不应小于 1.25；钢筋的屈服强度实测值与屈服强度标准值的比值不应大于 1.30；钢筋最大拉力下的总伸长率实测值不应小于 9%。如果是钢纤维混凝土，应选用高强钢丝切断型钢纤维，钢纤维掺量不应小于 25 kg/m^3。

2.2.4 横向内力计算

隧道横向内力计算应分别选取隧道覆盖层最厚和最薄、地下水位最高和最低、存在超载或偏压、隧道穿越地层条件突变处等不利位置进行。

隧道管片横向内力计算模型宜采用匀质圆环模型、弹性铰模型、梁—弹簧模型或梁—接头模型。

1. 匀质圆环模型计算法

匀质圆环模型计算法,也称修正惯用法,错缝拼装衬砌环在纵向接头处的接头弯矩应按下式计算:

$$M_1=(1-\xi)M$$

式中 ξ——弯矩传递系数;

M——匀质圆环模型的计算弯矩(kN·m);

M_1——修正后的管片接头弯矩(kN·m)。

与纵向接头位置对应的相邻管片截面弯矩为

$$M_z=(1-\xi)M$$

式中 M_z——修正后的管片截面弯矩(kN·m)。

2. 弹性铰模型计算法

弹性铰模型计算法也称多铰圆环法时,这种计算模型将管片接头等效为可承担弯矩的弹性铰,弹性铰刚度宜由数值模拟配合经验确定,有条件时可采用试验确定。

弹性铰承受的弯矩应按下列公式计算:

当 $M_0>0$ 时, $M_0=K_{\theta+}\theta_0$

当 $M_0<0$ 时, $M_0=K_{\theta-}\theta_0$

式中 M_0——衬砌结构接头处所承受的弯矩(kN·m),以内侧受拉为正,外侧受拉为负;

θ_0——接头转角(rad);

$K_{\theta+}$,$K_{\theta-}$——接头的正弯矩回转弹簧刚度和负弯矩回转弹簧刚度(kN·m/rad)。

3. 梁—弹簧模型计算法

采用梁—弹簧模型进行管片衬砌计算时,衬砌环环向接头应采用回转弹簧模拟,衬砌环纵向接头应采用剪切弹簧模拟。剪切弹簧和回转弹簧的刚度可按试验或经验确定。

4. 梁—接头模型计算法

梁—接头模型计算法在《盾构隧道工程设计标准》(GB/T 51438—2021)也作了推荐,其主版模型如图 2-4 所示,管片衬砌计算时,将衬砌环模拟为梁单元,而将环向及纵向接头按照上文方法进行模拟。

2.2.5 管片衬砌与地层间的相互作用计算

管片衬砌与地层间的相互作用计算模型一般用局部地基弹簧模型。这种计算模型是基于局部变形理论和温克尔假定,并应采用法向受压地基弹簧和切向地基弹簧模拟;当模拟土拱效应时,宜采用全周地基弹簧模型,在拱顶位置施加可法向受拉地基弹簧,如图 2-5 所示。

地基弹簧刚度应按下列公式计算确定:

$$k=K_0Bl$$

式中 k——地基法向弹簧刚度(kN/m);

K_0——地层法向基床系数(kN/m)；

B——计算单元宽度(m)；

l——相邻计算单元长度平均值(m)。

计算时切向地基弹簧刚度可取为法向地基弹簧刚度的三分之一。

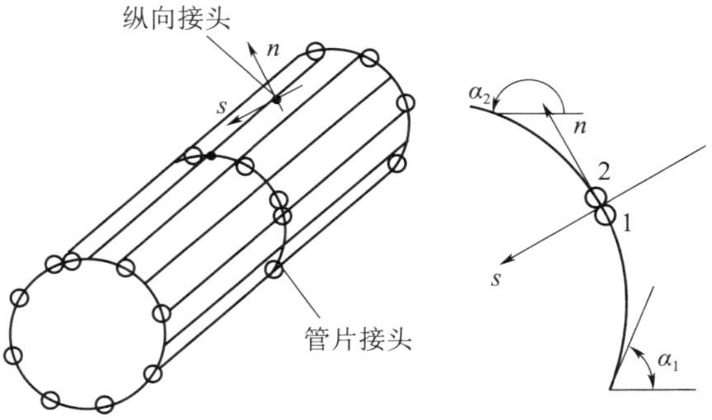

图 2-4 梁—接头模型

1—接头节点 1;2—接头节点 2

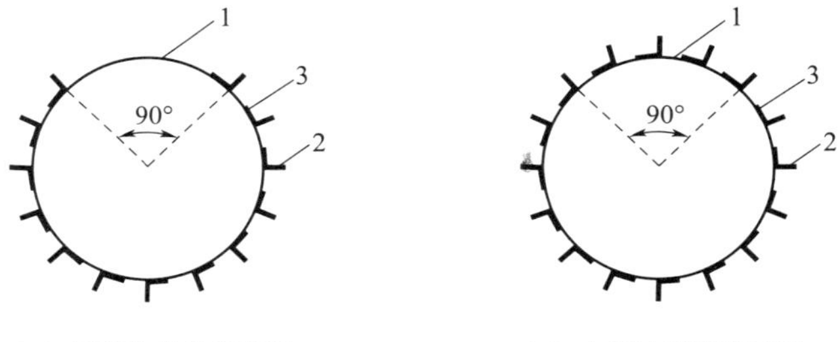

图 2-5 管片衬砌与地层相互作用计算模型

1—衬砌环;2—法向地基弹簧;3—切向地基弹簧

2.2.6 纵向内力计算

当遇有隧道覆盖层厚度或地层沿隧道纵向有较大变化,隧道穿越重要建(构)筑物或直接承受较大局部荷载,地基沿隧道纵向产生不均匀沉降,小半径曲线隧道承受盾构千斤顶推力作用以及隧道下穿水域,河(海)势有较大变化,河(海)床有较大冲淤变化的情况时,应对隧道纵向强度和变形进行计算。

管片衬砌结构纵断面内力计算可采用梁—弹簧模型或等效刚度模型。

2.2.7 变形计算

应用上述模型对盾构衬砌管片进行内力计算后,就可以计算其变形情况,进而确定盾构隧道收敛变形和接缝张开量是否符合限值标准,见表 2-4。

表 2-4 隧道收敛变形和接缝张开量限值

类 别	限 值
收敛变形	0.02D(错缝拼装)或 0.03D(通缝拼装),且≤50 mm
接缝张开量	2 mm(岩质地层或周边存在重要建/构筑物)或≤4 mm(大断面盾构隧道或位于软土地层),且小于弹性密封垫的允许张开量

注:①D 为隧道外径;
②收敛变形和接缝张开量限值不含管片拼装误差造成的变形量。

2.2.8 抗浮稳定性验算

位于地下水位以下且覆盖层厚度小于隧道外径的盾构隧道,应按最不利工况进行抗浮稳定验算。隧道抗浮稳定性应按下列公式进行验算:

抗浮稳定安全系数 $K=U/R$

抗浮力 $R=W_s+W_a$

上浮力 $U=\gamma_w V_w$

式中 K——抗浮稳定安全系数;

R——抗浮力(kN/m);

U——上浮力(kN/m);

W_s——隧道结构自重(kN/m);

W_a——隧道覆盖层的有效压重(kN/m);

V_w——隧道结构排开水的体积(m/m);

γ_w——地下水容重(kN/m^3),可按 10 kN/m^3 采用。

隧道抗浮稳定性验算应符合下列规定:

(1)施工期间应按常水位计算,正常使用期间应按抗浮设防水位计算。

(2)施工期间结构自重应按管片自重计算,正常使用期间结构自重可按管片自重与道床自重等永久荷载之和计算。

(3)抗浮稳定安全系数在施工期间不应小于 1.1,在使用期间不应小于 1.2。

2.3 管片接头计算

盾构隧道衬砌结构应进行管片接头计算,当管片接头处设有凹凸榫槽时,可不进行螺栓的抗剪强度验算。

盾构千斤顶作用下管片环缝接头局部受压强度应按下列公式验算:

$$P=\gamma_J \frac{J}{n_J}$$

$$P\leqslant 1.35\beta_c\beta_l f_c A_{ln}$$

$$\beta_l=\sqrt{\frac{A_b}{A_{ln}}}$$

$$A_{ln}=ab$$

式中 P——每组千斤顶顶推力(kN);

J——盾构最大总顶推力(kN);

n_J——千斤顶组数;

γ_J——千斤顶顶推力分项系数,应取 1.2;

β_c——混凝土强度影响系数,按《混凝土结构设计规范》(GB 50010)的规定取用;

β_l——混凝土局部受压时的强度提高系数,大于 3 时应取 3;

f_c——混凝土轴心抗压强度设计值(N/mm^2);

A_{ln}——局部受压面积(m^2);

A_b——局部受压计算底面积(m^2);

a——局部受压区宽度(mm),取千斤顶撑靴的宽度;

b——局部受压区高度(mm),取千斤顶撑靴的高度(计及撑靴偏心布置)与管片高度(减去防水槽和嵌缝槽高度后)的重叠部分。

当进行钢筋混凝土管片螺栓手孔设计时,应对螺栓连接处混凝土环肋、端肋结构进行抗剪和抗冲切承载力验算,并应符合《混凝土结构设计规范》(GB 50010)的相关规定。

当进行钢管片接头设计时,应对接头钢板进行抗压强度、抗剪强度、局部稳定性验算,并应符合《钢结构设计标准》(GB 50017)的相关规定。

2.4 管片接缝构造设计

钢筋混凝土管片接缝构造应满足受力、拼装定位、防水的要求,其尺寸和角度应有利于减少局部应力集中以及管片制造、运输、拼装过程中的碰撞破损,管片边缘应设倒角,倒角尺寸不应小于 5 mm×5 mm。管片接缝内侧边缘处应预留嵌缝槽,如图 2-6 所示,嵌缝槽深宽比不应小于 2.5,槽宽不宜小于 10 mm,槽深不宜小于 25 mm,当采用错缝拼装时,管片环缝应设置缓冲衬垫。

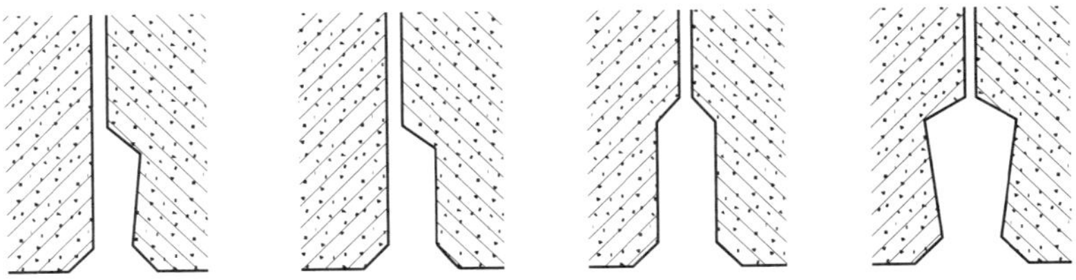

图 2-6 管片嵌缝槽断面构造形式

(1)钢筋混凝土管片环缝凹凸榫槽设计应符合下列规定:

①凹凸榫槽宜设置于管片厚度方向的中部,其尺寸拟定时不应影响管片外侧的防水密封垫槽和内侧的嵌缝槽设置。

②凹凸榫槽应进行盾构千斤顶作用下的混凝土局部受压承载能力验算。

③管片凹凸榫槽的形状应平顺,榫槽间隙尺寸应与管片制作误差、管片拼装进度相匹配。

(2)钢筋混凝土管片配筋构造应符合下列规定:

①管片主筋宜采用肋梁式主筋配筋形式，肋梁箍筋直径不宜小于 6 mm，间距不宜大于 200 mm；各主筋肋梁间应设置构造钢筋连接。

②当采用板式配筋形式时，管片主筋及分布筋最大间距不宜大于 200 mm，管片内外层主筋之间应设置拉筋，拉筋直径不宜小于 8 mm。

③管片手孔、螺栓孔、预留孔洞、预埋件等部位应设置构造加强钢筋。

④外层钢筋的混凝土保护层厚度应根据环境类别及设计使用年限确定，不应小于表 2-5 中规定的数值，且不应大于 50 mm。

表 2-5　最外层钢筋的混凝土保护层厚度(mm)

设计使用年限	迎土侧	背土侧
100 年	35	25
50 年	30	20

2.5　管片钢模设计

(1)钢筋混凝土管片应采用高精度钢模制作，管片允许偏差应符合下列规定：

①宽度应为±1.0 mm(管片外径小于 10 m 时)，或为±0.4 mm(管片外径不小于 10 m 时)。

②弧长、弦长应为±1.0 mm。

③厚度应为+3 mm，−1 mm。

④螺栓孔直径及螺栓孔位置应为±1.0 mm。

⑤混凝土接触面不平整度应为±0.5 mm，每延米平整度应为±0.2 mm。

⑥钢筋混凝土管片内弧面及端面上各类孔洞及沟槽尺寸和角度应满足预制时脱模的要求，脱模角度不宜小于 3°。

(2)钢筋混凝土管片内表面永久性标记应符合下列规定：

①永久性标识应镜像铸在模板上，其余标识可喷涂于管片内弧面角部。

②应采用文字标示管片厂家编码、模具编号、管片分块号，标示框凹陷深度不应超过 8 mm。

③宜采用圆形凹点标示管片主筋位置，凹陷深度不应超过 5 mm。

④宜标示螺栓对齐标志。

2.6　管片防水设计

2.6.1　衬砌结构防水的目的和漏水的原因

1. 防水目的

地铁不可避免地要经过含水率较高的地层，必将受到地下水的有害作用。如果没有可靠的防水、堵漏措施，地下水就会侵入隧道，影响其内部结构与附属管线，甚至危害到地铁的运营和降低隧道使用寿命。

盾构隧道渗漏水的位置是管片的接缝、管片的自身裂缝、注浆和手孔等，其中以管片的接缝处为防水重点。通常接缝防水的对策是使用密封材料，如非膨胀合成橡胶，靠弹性压密以接触面压应力来止水，以耐久性与止水性见长；或采用遇水膨胀橡胶，靠其遇水膨胀后的膨胀压力来止水，它的特点是可使密封材料变薄，施工方便，但耐久性尚待验证。国内主要采用遇水膨胀橡胶，并已开始研究开发遇水膨胀类材料与密封垫两者的复合型材料。

2. 防水原则

盾构隧道的防水以管片结构自防水为根本、接缝防水为重点，确保隧道整体防水，同时遵循“以防为主、以堵为辅、多道防线、综合治理”的原则。

3. 隧道漏水的原因

(1)防水材质不良

①制作管片时选定的混凝土配合比、水泥用量、入模温度、浇捣顺序、养护时间和条件等环节上出现失误，致使衬砌表面出现收缩开裂。

②密封垫材料防水功能和耐久性差。

(2)施工操作不当

①在盾构推进过程中，盾构与管片姿态不佳会造成管片拼装困难，影响到管片的拼装质量，致使管片间错位、有台阶差，相邻管片不在同一圆弧面上，因此减少了止水橡胶的有效止水面积。

②盾构与管片相对位置不好常常会使管片发生碎裂、止水带发生掉落的现象。由于盾构推进的特殊性，一些工程缺陷不能进行及时处理，使得相邻止水带不能正常吻合压紧，从而引起漏水。

③盾尾与管片之间间隙过大，盾尾密封失效引起漏浆，在处理过程中未能将管片上的泥浆清理干净，致使管片、止水带间夹有泥沙。

④管片间的对接螺栓在拼装后，出于施工效率的考虑，不等拧紧就向前推进，在一定程度上引起环缝的扩张(尤其在纠偏时)，使得管片间呈松弛接触。

⑤在竖曲线推进或纠偏时加贴石棉楔子，相应增加了环缝间隙。

⑥管片的制作精度有误差，导致拼装环纵缝间隙超过环缝间隙。

⑦同步注浆量不足，引起隧道后期产生较大的沉降变形而漏水。

⑧手孔、螺栓孔、注浆孔等薄弱部位未加防水垫片，封孔施工质量差。

⑨管片在吊装、运输过程中操作不当，造成管片丢角、损边，甚至出现贯穿性裂缝。

⑩止水带制作安装误差和粘贴不密合。

2.6.2 管片结构的自防水

1. 管片的制作精度

对于装配式钢筋混凝土管片的自防水，根据国内外隧道施工时间，采用高精度钢模来提高管片精度是很重要的环节。因为如果衬砌管片制作精度差，加上管片拼装的累积误差，将会导致管片之间接缝不密贴而出现较大的初始缝隙，此时如果接缝防水材料变形量不能适应缝隙要求，就会出现漏水。另外管片制作精度不够时，容易在盾构推进时被顶碎或崩落，从而导致漏水。

2. 管片的防水涂层

一般来说，对于埋深较大或含有显著侵蚀性地下水的地段，管片必须采用增强防水、防腐蚀性的外防水涂层。涂层要求如下：

(1)涂层应能在盾尾密封钢丝刷与钢板的挤压摩擦下不损伤。

(2)当管片弧面的裂缝宽度达 0.3 mm 时，仍能抵抗 0.6 MPa 的水压，保持长期不渗漏。

(3)涂层应具有良好的抗化学腐蚀功能、抗微生物侵蚀功能和耐久性。

(4)涂层应具有防迷流的功能，其体积电阻率、表面电阻率要高。

(5)涂层有良好的施工季节适应性，施工简便，成本低廉。

(6)若管片制作质量高，且采用抗侵蚀水泥，也可不做外防水涂层。

3. 管片生产中的注意事项

为达到管片混凝土的自防水，管片生产应抓紧混凝土密实度、抗裂性能和制作精度三个方面。

(1)管片混凝土采用高抗渗高强度等级(C50)的外添加剂防水混凝土，抗渗等级为 S10，但所采用的外加剂不能在混凝土内引起碱性反应。

(2)所选用符合国家标准的各种材料和合理的防水混凝土，使混凝土自身的收缩及空隙率降至最低。

(3)采用高精度钢模，钢模精度应高于管片，其精度比为 12，保证钢模刚度足以控制生产过程中的各种变形，一般管片几何尺寸的偏差不应大于±1 mm。

(4)管片制作工艺和方法标准化、规范化。管片蒸养后，应在水中养护 14 d，28 d 后方可使用。

(5)对每个成品管片进行质量检验和制作精度检验，按每两环抽取一块管片抽样检漏。管片出厂必须通过各道生产工序的检查，抗渗试验、抗压抗渗报告和三环水平拼装验收。

(6)加强管片堆放、运输中的管理检查，防止管片产生附加应力而开裂或在运输中掉边角，确保管片完好，并分类堆放。

(7)管片外采用防水、防腐性涂层。

2.6.3 管片接缝的防水

采用装配式预制钢筋混凝土管片时，管片本身具有良好的不透水性，而管片之间的接缝成为隧道防水的主要研究课题。

1. 管片接缝的防水

解决隧道防水的关键是把好管片的拼装质量关，以使管片接缝达到密封防水作用。为了保证接缝达到防水性能良好，管片制作精度也极为重要，一般管片几何尺寸的偏差限值为±1 mm。无论采用何种管片形式，其接缝防水技术包括密封垫防水、嵌缝防水、螺栓孔防水等三项内容。

(1)单层衬砌防水

①单层衬砌防水的特点

接缝防水构造是隧道衬砌构造的永久组成部分。选用的防水材料要求有较高的耐老化性能,在承受接头坚固压力和千斤顶推力产生的接缝往复变形后仍有良好的弹性复原力和防水能力,且也能便于施工。管片防水如图 2-7、图 2-8 所示。

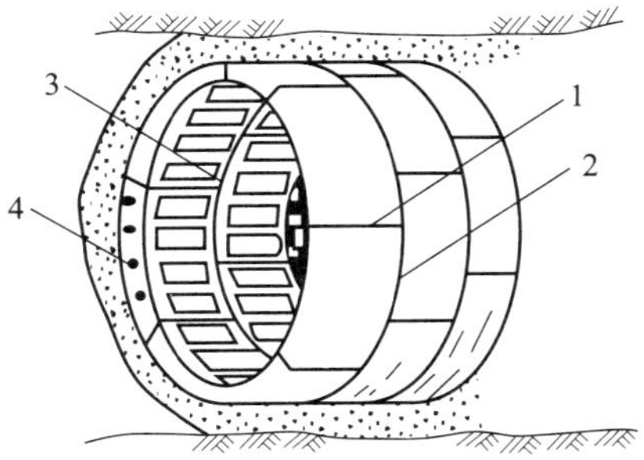

图 2-7　防水部位示意

1—纵缝防水密封垫;2—环缝防水密封垫;
3—嵌缝槽;4—螺栓孔

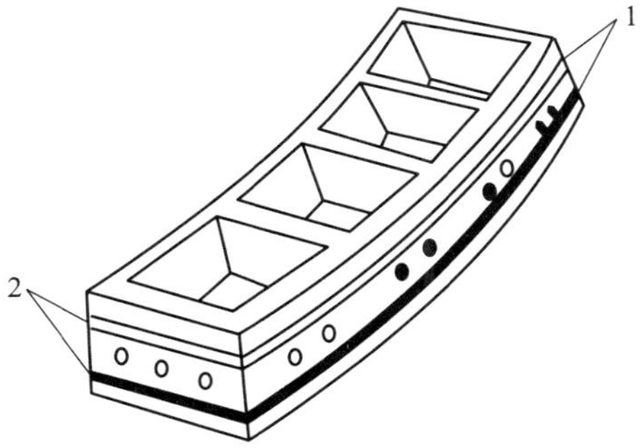

图 2-8　单层衬砌防水示意

1—纵缝防水密封垫;2—环缝防水密封垫

②单层衬砌防水的主要措施

a. 管片采用多道防线防水的结构形式,一般设 1～2 条防水槽,管片环面内弧设置嵌缝槽,并有接缝的堵漏技术措施,确保修补堵漏的可能性。密封垫视为主要防线,如果其防水效果优良,也可以省掉嵌缝工序或进行部分嵌缝。

b. 防水槽内设防水密封垫,主要采用橡胶,依靠相邻管片的接触压力挤压密之后而产生防水效果。这种橡胶以氯丁橡胶、三元乙丙橡胶、丁苯橡胶等制造。

c. 管片的精确尺寸是确保密封垫有效的前提。

(2)双层衬砌防水(内衬)

双层衬砌的目的是解决管片的防水、防腐蚀和结构补强等问题。双层衬砌防水的特点及措施如下:

①由于隧道内衬起主要防水作用,对管片接缝的防水材料要求较低,只起临时止水作用。

②制作内衬防水层有下列几种做法:

a. 粘贴卷材防水层。将热沥青胶结料,用喷涂或辊涂的方法,涂敷在隧道内壁上,并立即粘贴沥青玻璃布油毡或聚异丁烯卷材或再生橡胶沥青油毡。

b. 喷涂或刷涂防水层。常用的材料有环氧沥青涂料、环氧呋喃涂料、焦油聚氨酯涂料等。

无论粘贴卷材还是喷刷防水涂料,都要求在隧道内表面处于干燥状态时方可施工。但这一施工条件在隧道内较难实现,从而发展了在潮湿的内壁上喷涂聚合物水泥砂浆,如水泥环氧砂浆等,可以于潮湿面黏结防水涂料。

c. 喷射混凝土防水层。内层衬砌采用喷射混凝土时,可在混凝土拌和料中添加化学掺剂，以提高混凝土防水性能。

d. 钢筋混凝土内衬全面现浇钢筋混凝土，以起到隧道防水与补强的作用。

(3)衬砌螺栓孔防水

螺栓孔一般高于管槽内侧，这是依赖于管片密封防水垫的作用，使水不漏入螺栓孔。

当工程有特殊防水要求时，侧向螺栓孔也应采用沥青、橡胶、塑料为材料的专门环形垫圈来防水。

2. 接缝防水密封垫

(1)管片防水密封剂

全断面浇环氧煤焦油砂浆。该方法要求砂浆于施工现场配制，并在 60 ℃～65 ℃温度下拌制，制作后 12 h 内结束拼装。该砂浆 3 d 内的抗压强度为 10～20 MPa，最终可达到 30 MPa，抗剪黏结强度为 5 MPa。

(2)焦油聚氨酯弹性体

这种密封垫与已成环管片接触面之间无黏结力，主要是依靠压密防水。

(3)复合密封垫

单一材料的密封垫，压缩量受到限制，往往只是单面具有黏结力，主要是依靠压密防水，所以在管片精度差、接缝变形大、水压较高的情况下易引起渗漏。

(4)齿槽形定型制品密封垫

采用齿槽形氯丁橡胶的密封垫，在地面上粘贴到管片的防水槽内，当管片拼装时在千斤顶作用下，使其产生弹性变形，填充了管片的防水槽，这种密封垫内有极高的弹性复原能力，这种弹性复原力将发挥有效的防水作用，这种密封垫能承受 2 个大气压的水压力，并允许接缝有一定的变形，在构造上也解决了管片的角部防水问题。管片脚部防水如图 2-9、图 2-10 所示。

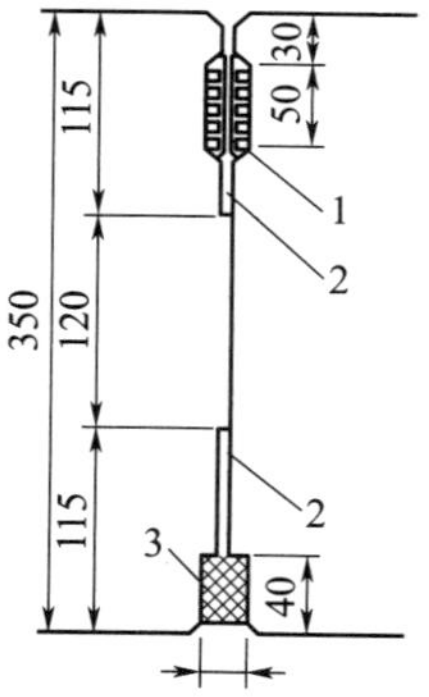

图 2-9　管片接缝防水示意(单位：mm)

1—可以压缩的高弹性氯丁橡胶密封垫；

2—可塑性涂料；3—嵌缝材料

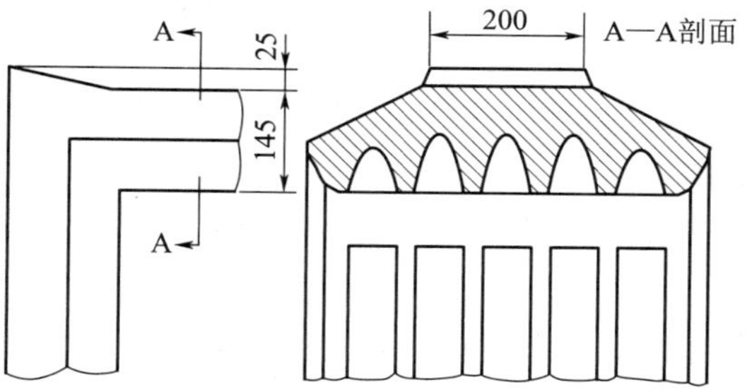

图 2-10　管片脚部密封垫示意(单位：mm)

3. 嵌缝材料及施工

嵌缝材料是管片拼装完成后，填嵌到管片内所设的嵌缝槽内的防水材料。它与密封垫两者配合使用以增强接缝防水的效能。嵌缝材料在槽内依靠填塞力和黏结力达到密封防水的作用。

(1)嵌缝材料性能

①材料与管片基面的黏结力大于衬砌水外壁的静水压力。

②材质性能要保持长时间稳定,而不至于随着时间增长而发生材质变化。

③要求长期耐 0.3 MPa 以上的水压力,且不产生蠕变。

④能适应施工,对基面干、湿同样具有良好的黏结能力。

⑤材料要富有弹性,能够适应隧道的变形,并不受到隧道内空气的影响。

(2)施工方法

①嵌缝材料必须严格遵照制造厂的说明来进行施工。

②如为气压盾构施工的隧道,应在气压段内嵌缝,以提高填充力。

③嵌缝作业应在盾构千斤顶及盾构推进影响范围外的区域进行。

④在漏水部位施工时应先引流、封堵。

4. 堵漏技术

(1)隧道防水堵漏的基本措施

管片拼装后接缝的渗漏水主要表现为明显的滴漏。每个漏点渗漏水量常介于 5~30 mL/h 之间,当大于 30 mL/h 时,就呈现连续细流。针对这个特点,管片接缝防水堵漏主要是处理管片接缝的漏水。基本措施有以下几个方面:

①单层衬砌在管片设计阶段就应考虑到接缝堵漏技术措施。在接缝发现漏水之后,可松动其部位的连接螺栓,将漏水从孔内引出,然后进行堵漏,最后堵螺栓孔。

②双层衬砌管片接缝的一般性滴漏主要采用水泥胶浆修堵情况严重时考虑用注浆堵水。

(2)管片的防水堵漏方法

单层衬砌可在两道密封缝之间设计注浆堵漏的专用沟槽,若接缝出现渗漏,就可以从预留孔或螺栓孔注浆入此槽。管片嵌缝槽如图 2-11 所示。

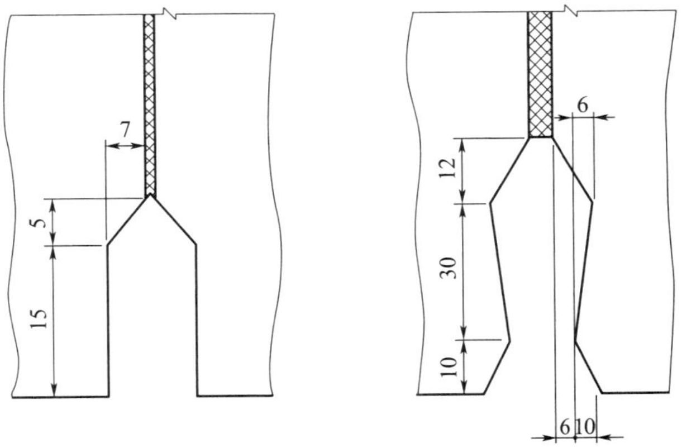

图 2-11 管片嵌缝槽示意(单位:mm)

注浆堵漏施工方法如下:

①清理混凝土表面:将裂缝两侧混凝土凿成槽并处理干净,如图 2-12 所示。

②布置注浆孔:注浆孔要布置在水源和纵横裂缝交叉处,如图 2-13 所示。

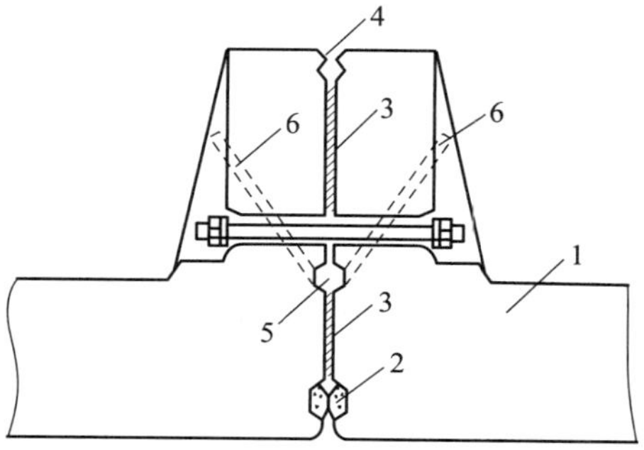

图 2-12　管片注浆沟槽示意

1—钢筋混凝土管片；2—橡胶密封垫；3—承压垫板；4—嵌缝槽；5—预留注浆沟槽；6—预留注浆管

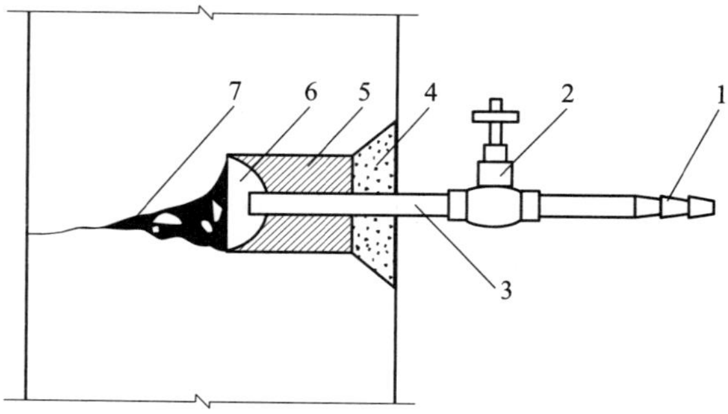

图 2-13　注浆堵漏施工方法示意

1—压浆嘴；2 —阀门；3—注浆管；4—素灰及砂浆找平层；5—快硬水泥浆；6—半圆铁片；7—混凝土裂缝

③用油毡做成凸形毡条沿缝通长设置，在外面封水泥砂浆形成封闭层。

④做保护层：在封闭外做环氧涂料或环氧玻璃布附加层，并在其上抹水泥砂浆保护层。

⑤压水试验：待水泥砂浆保护层有一定强度后，即可利用注浆设备以颜色水进行压水试验。一般从下部的注浆孔或接近水源的注浆孔压入水，记下灌入时间和耗水量，以供配制浆液参考，并注意观察封闭层是否有漏水．如有漏水在此部位作第二次封闭。

⑥注浆：注浆方法与水压方法相同。注浆后关闭所有阀门，浆液固结后，拆除注浆孔并用水泥砂浆封固。

2.6.4　衬砌结构的自防水措施

1. 防水处理原则

在饱和含水软土地层中隧道的防水原则为：以防为主，多道防线，综合治理。所谓的综合治理是指不但要从防水的设计、施工着手，还要从衬砌的结构设计、管片拼装质量和控制隧道后期不均匀沉降等多方面进行综合治理。其中包括：

(1)衬砌接缝防水；

(2)管片自防水、管片外防水、螺栓密封、嵌缝止水的处理；

(3)管片制作的强度、精度、盾构施工拼装质量及其他现场管理等方面的综合治理。

2. 防水技术要求

(1)防水等级

根据《地下工程防水技术规范》(GB 50108)，地铁区间隧道的防水等级为 2 级，设计具体要求为：

①隧道平均渗水量<0.1 L/(m^2·d)，同时任意 100 m^2 每昼夜渗水量小于 20 L；

②隧道拱顶不滴漏、侧墙不挂流、拱底无大面积湿迹。

(2)隧道接缝防水

环缝张开 3 mm，纵缝张开 5 mm 时，能抗 0.6 MPa 水压。

(3)衬砌结构自防水

衬砌结构在 0.6 MPa 水压作用下不渗水。钢筋混凝土管片单块检漏：0.8 MPa 下恒压时间>2 h,渗水最大深度不得超过管片厚度的 1/5。

2.7 管片预埋滑槽设计

2.7.1 预埋滑槽技术优点

(1)滑槽采用工厂化加工及预埋,能够确保质量;

(2)避免打孔,对结构不会造成任何损伤,保证了结构的耐久性;

(3)管线安装操作简单,功效高,环境清洁;

(4)运营期维护、更换隧道内设备、管线等方便。

2.7.2 预埋滑槽管片生产工艺要求

(1)滑槽预埋前应详细检查,若发现表面处理层脱离或有裂纹,形状变异等情况,应及时更换。

(2)预埋滑槽要求与混凝土管片通过可靠的锚钉连接,锚钉间距及锚固长度应满足承载力要求,锚钉与管片中钢筋连接需满足防迷流要求。

(3)预埋滑槽在管片模板上的定位要牢固,保证槽口紧贴模板,槽内部采用可靠措施密封,避免混凝土浇筑时灌入滑槽内,槽口与混凝土内面应光滑平整连接,凹凸误差不允许超过 0.5 mm,定位偏差在每环管片端部不允许超过 1.5 mm。

(4)预埋滑槽在管片中的位置应避开管片中心的螺栓手孔,距离螺栓手孔净距不小于 120 mm,端部距离管片纵缝净距不小于 80 mm。

(5)预埋滑槽中填充物不应具有腐蚀性,不能侵蚀滑槽钢材及表面涂层。

(6)螺栓应采取可靠措施连接,接触网支架采用双螺帽固定,避免在运营中因震动等原因脱离,引起运营事故。

2.7.3 预埋套筒技术

预埋套筒由不锈钢套筒、定位螺杆、防尘塞三部分组成,如图 2-14 所示。

(a) 套筒　　(b) 定位螺杆　　(c) 防尘塞

图 2-14　预埋套筒

盾构隧道外挂槽道结合了预埋槽道的原有优势，更具有以下优点：结构简单，不破坏主体结构，施工更方便，风险系数低，维护更方便，造价成本进一步降低（20%～30%）且维护成本低，节省安装时间。外挂槽道优势对比见表2-6。

表2-6　外挂槽道优势对比

序号	对比项目	冲孔锚栓
1	对隧道结构的影响	千疮百孔、损伤管片，管片崩裂、渗水、构件锈蚀
2	施工环境	粉尘、振荡、噪声污染、施工环境恶劣
3	施工效率	人工冲孔效率低、工期长
4	安装灵活性	升级改造、新增设备需重新冲孔，施工不便
5	后期维护	每25年需大修一次，维护困难，成本高
6	综合造价（百年大计）	每25年需花费约180万元/km（180×4=720万元/km）

1. 技术创新性

（1）改变传统管片打孔工艺，消除管片被破坏的隐患；

（2）变预埋齿槽为外挂齿槽（图2-15），外挂齿槽按需布置，降低浪费，防腐需求易于实现；

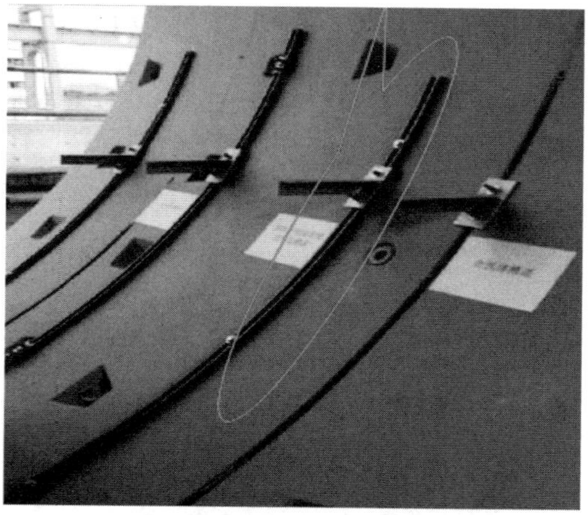

图2-15　外挂槽道

（3）不受纯外挂纵向连接螺栓的限制，灵活性强；

（4）地铁隧道内预埋+外挂的安装方式，提供地铁隧道内设备安装的新技术，可推广至矿山法等地下空间的建设施工；

（5）采用最先进的材料技术和数字化预埋预制技术。

2. 预埋套筒验收

（1）套筒进厂前应由套筒供应商提供由专业权威检测单位出具的化学成分报告、力学性能报告、抗疲劳测试报告、防腐性能报告、耐火性能报告等。

（2）预埋套筒力学性能不低于《紧固件机械性能　不锈钢螺栓、螺钉和螺柱》（GB/T

3098.6—2023)中的70级,系统经200万次动载荷抗振动、疲劳试验后,其承载力值不降低。

(3)预埋套筒及紧固高强螺栓须具备有资质的质检部门出具的耐火时效测试报告,以确保实际应用状况下承载受力的抗火要求。其性能应满足在单面火烧、三面火烧以及四面火烧的工况下,均能达到60 min耐火时间下,单点承载力不小于12 kN。

(4)套筒进厂前需由供应商提供检验产品生产合格证及检测报告,并对照预埋套筒设计图检测不锈钢套筒尺寸是否符合设计要求(图2-16),尺寸检验用精度为0.02 mm的游标卡尺,对其高度、杆体及大头的直径进行测量,进场检测频率要求为1/200。套筒外观尺寸允许偏差见表2-7。

(5)每批次应抽检送第三方检测机构检测,确保套筒材质符合国家标准,每300环管片抽检数量不少于3个套筒。

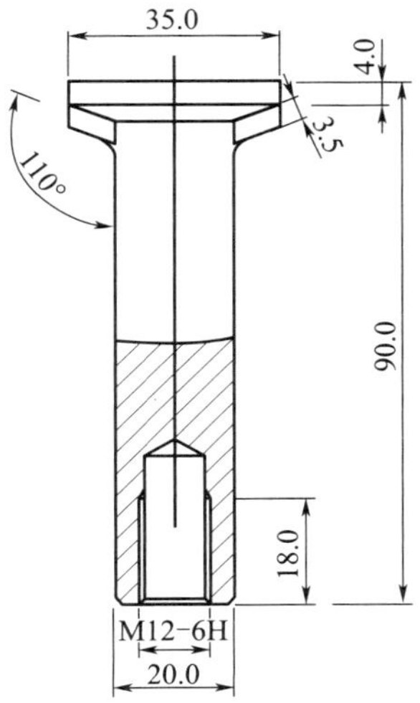

图2-16 不锈钢套筒尺寸(单位:mm)

3. 套筒安装要求

预埋套筒与管片模板弧面的切线应保持垂直,倾斜度应≤1%;管片模具上套筒预埋处开孔孔位:环向、纵向偏差均应≤2 mm。

表2-7 套筒外观尺寸允许偏差(mm)

检测内容	标准值	误差范围
套筒杆体直径	20	±0.5
套筒大头直径	35	±1
套筒高度	90	$^{+2}_{-1}$
外观质量	表面无裂纹及划伤等	

4. 实体检测

套筒在管片内预埋后,待混凝土达到设计强度以后,拧入紧固高强螺栓,通过紧固螺栓对套筒进行拉(压)、剪切试验,在拉(压)荷载为40 kN、剪切荷载为30 kN的情况下,紧固螺栓、预埋套筒及周围混凝土均应完好。每300环管片抽检数量不少于3个套筒,且在接触网位置必须要检测1个套筒。

2.8 管片设计细则

2.8.1 主断面与接头的配置

1. 钢管片

(1)主断面配置

钢管片的环肋结构有2根环肋结构与3根环肋结构。过去,管片宽度为900 mm以下多采用2根环肋结构,但近年伴随着管片宽度的扩大,也开始广泛使用3根环肋结构。一般来说，2 根环肋结构的管片容易制作，在大宽度管片中，3 根环肋结构因可以缩短纵肋的屈曲长度，可以减少钢材重量，具有经济上的优越性。但是，因环肋厚度变小，抵抗局部屈曲的能力变弱，在采用 3 根环肋结构时有必要加以注意。另外，在大口径隧道的开口处使用钢管片时，为了减小环肋钢材的厚度，也有采用内翼缘结构的情况。在采用具有内翼缘的结构时，有必要充分注意二次衬砌混凝土的充填性能。此外，在标准管片中，依据规范中主要构件的最小厚度，将钢管片的最小环肋厚度设为 8 mm，面板的最小厚度设为 3 mm。另一方面，铸铁管片环肋结构有 2 个种类，即具有 2 或 3 根环肋的箱形结构与具有 4 根环肋的波形结构。一般来说，因波形结构可以将内侧的面板看作结构构件，在断面性能上有利，在小半径曲线处等使用小宽度管片时，因制作上的制约多采用箱形结构。此外，考虑到制造上的原因，铸铁管片的最小构件厚度取为 9 mm。

(2)接头的配置

管片的接头可以分为在圆周方向上连接管片的管片接头与在纵向方向上连接管片的环间接头，二者多采用螺栓来进行连接。在采用螺栓接头的管片中，为了确保接头面的防水性能，有必要为了能够均等地固定防水材料来决定螺栓数目与配置。管片接头螺栓在管片宽度上多按等间距配置在离开环肋 100 mm 的位置及由此位置偏移 150～200 mm 的位置上。由管片内侧开始，螺栓位置的高度多为管片高度的 1/3～1/2。关于环间螺栓的配置，考虑到管片的错缝拼装多采用等间隔配置，一般采用与管片接头相同直径的螺栓，配置在纵肋间隔的中央。从管片内侧开始，螺栓位置的高度为管片高度的 1/4～1/2。

2. 混凝土管片

(1)主断面(受力筋)配置

在混凝土管片中多采用平板型管片。在其主断面设计中应注意受力钢筋的配置，由断面配置的钢筋量来决定主断面的承载力。决定受力钢筋配置的主要因素有以下几方面：

①与接头的关系

受力钢筋配置的最大制约因素为接头的配置及其大小，特别在采用螺栓拧紧式接头时，有必要保证为了拧紧螺栓所需的空间，对管片内侧的受力钢筋，在考虑保护层厚度的基础上避开这个空间来进行配置。管片外侧的受力钢筋基本上与接头不会发生干涉，在小厚度管片及 K 型管片上，与接头的金属构件有产生干涉的可能性，有必要加以注意。一般在避开管片接头、环间接头的位置配置内侧的受力钢筋，与此相对应配置外侧的受力钢筋。

②与注浆孔的关系

因注浆孔多与起吊孔兼用，配置在管片宽度的中央，因此，一般受力钢筋无法配置在管片的中央，主钢筋通常按偶数来配置，也有设置专用起吊孔、另行配置注浆孔的情况，这时注浆孔的直径比较小，多避开受力钢筋。

③与楔形量的关系

在楔形管片中，有必要研究在最小宽度处受力钢筋的配置。楔形管片的模板多与标准管片的模板兼用，管片接头的位置与标准管片相同。为此，在环间接头面与管片接头面之间必须确保楔形量。楔形量大的管片会对受力钢筋的配置产生影响，这种影响在螺栓式接头的情况下变得特别显著。

在受力钢筋的配置中，在考虑这些项目的基础上，受力钢筋中心间隔的上限多取为

150 mm 左右，从混凝土的充填性出发，受力钢筋水平方向上的间隙最低为 20 mm 以上及粗骨料最大尺寸的 5/4 以上且要大于受力钢筋直径。

模型管片受力钢筋配置如图 2-17 所示。

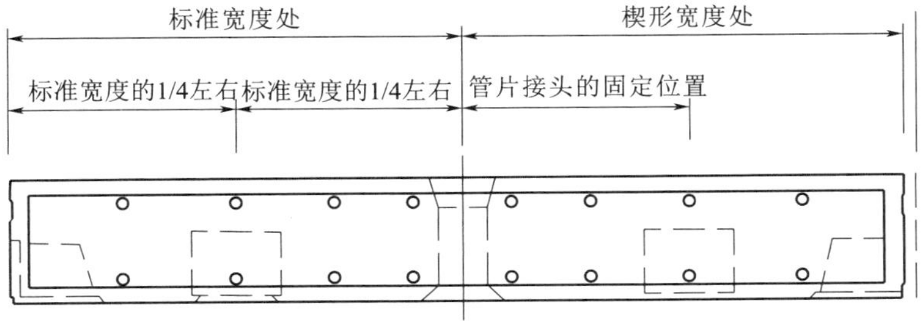

图 2-17 楔形管片中受力钢筋配置

④与管片宽度的关系

管片除了受到水土压力作用外，还受到错缝拼装效应引起的拼装荷载的作用。拼装荷载为相邻管片环变形差在环间接头产生的剪力。

一般将管片作为断面中发生均匀应力的梁构件来进行设计，但管片变宽后有表现出板的力学行为的倾向。管片宽度变得越宽，越要考虑端部的拼装荷载带来的应力集中，依据接头的构造，端部钢筋的配置也有变得困难的情况，有必要充分注意以保证对拼装荷载的承载力。

(2)接头的配置

用来拼装管片的接头有管片接头(图 2-18)与环间接头。在采用螺栓连接式接头时，一般对一处管片接头配置 1～3 个螺栓，在管片厚度小于 250 mm 时为 1 层，在此厚度以上时，从确保强度与刚度的观点出发采用 2 层配置。此外，在配置时要注意不会使拼装时的连接作业变得困难，同时还有必要考虑接头的配置不能损害管片的制作性能、强度、刚度及防水性能。要在注意接头处的应力传递及配筋上的制约、楔形管片的制作性能及断面缺损部位平衡的基础上，在管片宽度上配置管片接头，一般多配置在由环间接头开始管片宽度的 1/4 左右的位置。

环间接头与管片厚度无关，通常 1 处接头使用 1 根螺栓，但也有必要与管片接头进行同样的考虑。在管片厚度方向上，环间接头配置在管片厚度 1/4～1/2 处较多。在圆周方向上的配置，根据管片的分块形状，从确保防水性能的观点出发，螺栓间隔的上限多取为 1m 左右。对螺栓连接方式以外的楔形接头及销插入型接头，基本上采用与螺栓式接头相同的方式来验算其配置，在管片厚度方向上，管片接头与环间接头的位置多为管片厚度的 1/2 左右。根据接头结构形式，管片接头在宽度方向上的位置也可比螺栓连接式接头稍微靠近环间接头面。

(3)纵肋

在钢管片中，千斤顶推力通过顶垫传递给纵肋，纵肋再将此推力传递给相邻环的纵肋，于是纵肋成为逐渐传递轴压的构件，因此在隧道轴向上必须连续配置。盾构千斤顶与纵肋的关系如图 2-19 所示。纵肋的配置采用等间隔方式，可以考虑相邻 2 枚管片接头板组成

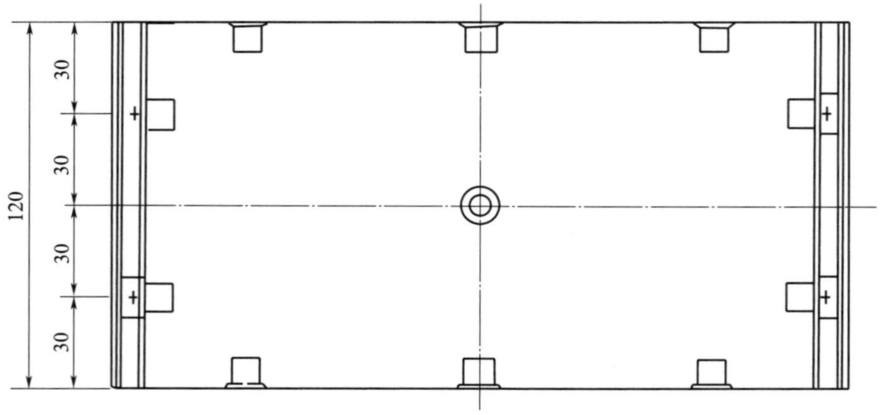

图 2-18　管片接头配置(单位:mm)

1 根纵肋。此外,顶垫必须可以等分地将轴力传递给 2 根以上的纵肋。因此,纵肋的数目(包含片接头的接头板)为千斤顶个数的 2 倍以上。但当 K 型管片为轴向插入型时,管片接头板在轴向上为斜结构,要注意不能将接头板作为纵肋来评价。另外,盾构千斤顶的装配位置与纵肋的形心不一定一致,由于偏心会导致弯曲的发生,如图 2-20 所示。特别在使用中小口径管片时,要注意偏心量会变大。纵肋的形状有 I 形、L 形及 T 形。此外,在决定纵肋的形状时,除考虑断面性能以外,还有必要考虑制作性能、拼装性能及二次衬砌浇筑时混凝土的充填性能及排气的效果。另外,由于制作原因,铸铁管片的纵肋形状多采用 I 形,根据需要增加板厚。

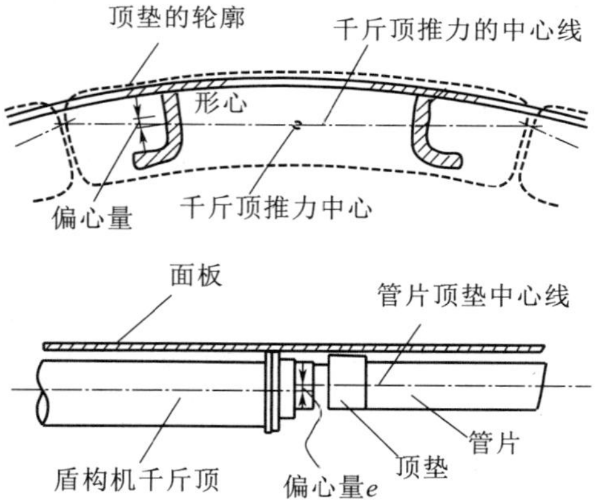

图 2-19　盾构千斤顶与纵肋的关系

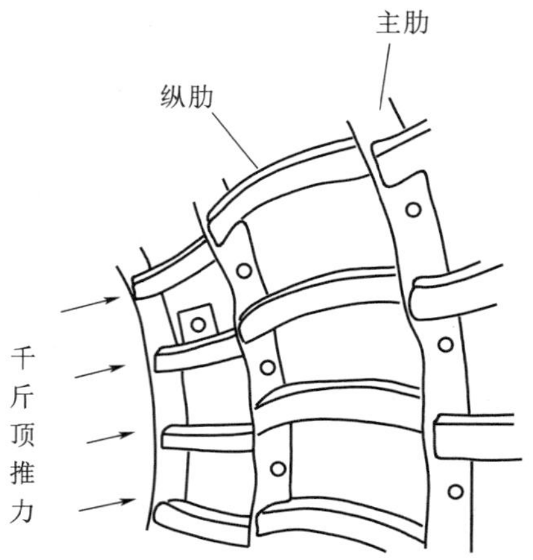

图 2-20　由纵肋的轴心不一致引起的环肋与纵肋的变形

2.8.2　密封槽与接缝沟

1. 密封槽

一般在管片的接头面上设置密封槽(图 2-21),通过在其中粘贴防水材料来进行管片的防水工程。混凝土管片通常设置密封槽。钢管片的密封槽没有标准化规定，但在高水压等使用情况下多设置密封槽。

为了得到密封材料所必须具有的接触面应力，有必要设定密封槽的形状与尺寸，如图 2-22、图 2-23 所示。密封槽应尽可能地设置在偏离内外表面的位置，在必要时可以考虑配置加强钢筋，或者选用低膨胀率的密封材料等。在钢管片上设置密封槽，可以在轧制环肋及接头板的扁钢时压制密封槽，或通过机械加工切削出密封槽。两者依据密封槽的尺寸及使用数量、管片的规模、板厚来进行区别使用。

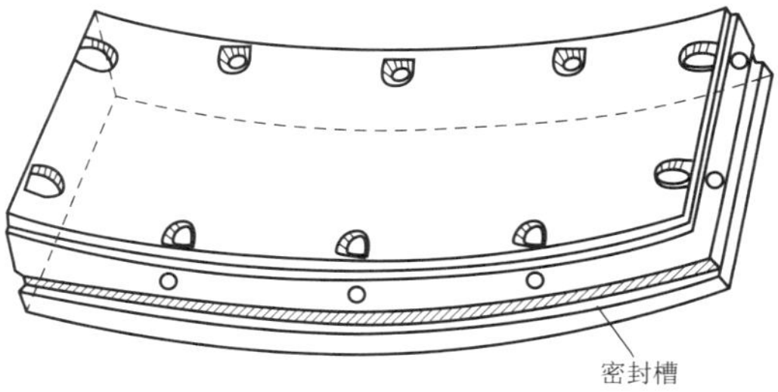

图 2-21　密封槽

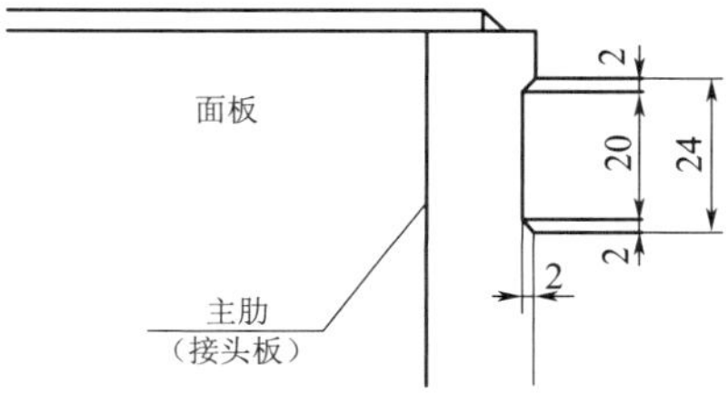

图 2-22　轧制密封槽的尺寸实例(单位：mm)

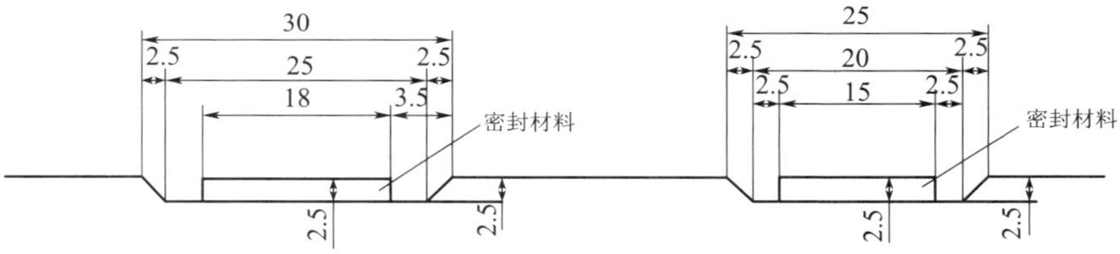

图 2-23　2 层配置密封槽的尺寸实例(单位：mm)

2. 接缝沟

在混凝土管片及充填混凝土的钢管片中，作为防水工程的一个环节，多在管片内表面设置接缝沟，如图 2-24 所示在充填混凝土的管片中为了环肋的防腐蚀使用接缝沟，但一般是在密封材料无法完全防水时，通过设置接缝将漏水导流到底拱。特别对混凝土管片，接缝沟还可以防止管片端部的破裂与损伤。

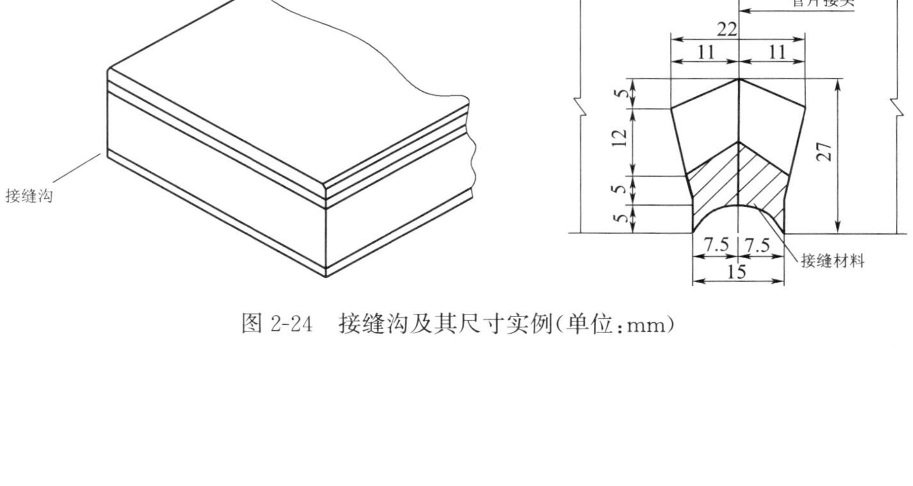

图 2-24　接缝沟及其尺寸实例(单位：mm)

2.8.3 注浆孔与起吊环

1. 注浆孔

为了将壁后注浆材料注入盾尾间隙中而在管片上设置的孔称为注浆孔。为了进行均匀的壁后注浆，多在各个管片上设置注浆孔。但因注浆孔与管片背面相贯通，容易成为漏水的原因，也有只在构成管片环的一部分管片上设置注浆孔的实例。在中口径以上的盾构隧道中，采用在管片环挤向地层的同时从盾构机进行壁后注浆的方式进行施工的实例在增加，即使考虑到注浆管会堵塞的情况及二次注浆，或者在小间距平行设置隧道的情况下以补充注浆为目的，多主要只在B型管片上设置注浆孔。注浆孔主体有安装在管片中的插口、二次注浆用的螺纹接管，及作为注浆孔塞的插塞与盖帽。为了防止在打开注浆孔塞时来自地层水与土砂的喷入，一般在注浆孔中设置反向停止阀(图 2-25)，或者在插塞与盖帽上安装O形环来防止漏水。

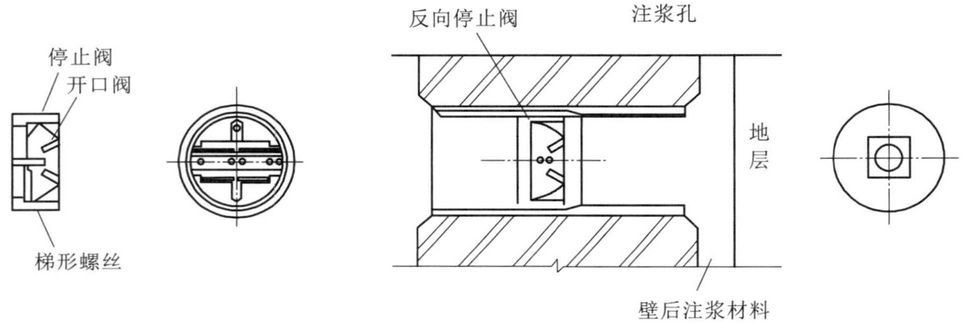

图 2-25　注浆孔反向停止阀实例

一般多使用内径为50mm左右的注浆孔。在混凝土管片与铸铁管片中，多将注浆孔与起吊孔兼用，使用直径比钢管片大的注浆孔。在混凝土管片中，因注浆孔采用与混凝土相异的材料，二者之间容易产生界面。可能从注浆孔周围发生漏水。在注浆孔的插管周围嵌进橡皮筋状的防水材料(氯丁橡胶与遇水膨胀橡胶)是一种有效的防水方法。

此外，对注浆孔塞多使用扭入式可动铸铁管接头及扭入式钢管制管接头的标准产品及ABS树脂，聚苯醚树脂(PPE)拧紧力等合成树脂及铸铁产品。

2. 起吊环

为了移动、运输搬送及拼装等目的，应在管片上设置起吊环。在钢筋混凝土管片与铸铁管片中，起吊环多与壁后注浆孔并用，在钢管片中起吊环所用的金属器具与壁后注浆孔分别设置。考虑到管片起吊时的平衡，多将起吊环布置在管片重心附近。起吊环设计必须保证在运输搬送及拼装时的荷载作用下，任何管片都处于安全状态，在标准管片中，使混凝土管片具有可以完全支持1环重量的结构，使钢管片具有可以承受管片的自重及耐冲击的结构。但对于大断面混凝土管片，管片1环的重量非常大，起吊环有变得极大的情况。这时，也可采用构成隧道的最大管片重量、设定合适的安全率来进行设计。另外，在混凝土管片与铸铁管片中，在采用同步注浆及专用注浆孔时，从防止水的观点出发多使用与管片外侧面没有贯通的专用起吊孔。

2.8.4 钢筋的一般要求

1. 钢筋的保护层厚度与间距

(1)保护层厚度

为了保证钢筋充分的黏结强度及防锈，有必要设定钢筋的保护层厚度，依据混凝土品质、钢筋半径、隧道内外的环境条件等来决定其数值(表 2-8)。因管片是在严格的品质管理下生产的工厂产品，与现浇混凝土相比具有水灰比小等特点，在设有二次衬砌时原则上钢筋的最小保护层厚度为 13 mm 以上，仅限于楔形管片的环接头面为 10 mm 以上；在不设二次衬砌时，最小保护层厚度一般环境下为 25 mm 以上，腐蚀性环境下为 35 mm 以上。另外，为了管片环拼装位置的对应及管片的识别而在模板上刻上记号或在管片上刻印都不能侵入保护层。

表 2-8 受力钢筋直径与保护层厚度(mm)

受力钢筋直径	分布钢筋	混凝土表面到受力钢筋中心的距离	保护层厚度
D16 以上	D10	35 以上	17 以上
D19～D22	D10～D13	40	16～20.5
D25	D13	45	19.5

(2)间距

根据规范规定，受力钢筋水平方向上的间距一般取为 20 mm 以上、粗骨料最大尺寸的 5/4 或受力钢筋直径以上。但此值是在考虑采用振动台进行混凝土振捣时的数值，在不使用振动台而使用内部振动机时，有必要另行论证。

此外，在标准管片中，只限于楔形环受力钢筋的最小间距为粗骨料最大尺寸以上。但在管片中有受力钢筋、分布钢筋及锚筋、加强钢筋等，接头周围钢筋错综复杂，很难保证钢筋间距，一般将钢筋间距取为最大粗骨料尺寸以上。

2. 钢筋的加工、接头与固定

钢筋的加工形状原则上遵循规范进行。在本书中，依据弯钩的有效性及钢筋弯曲加工的难易程度来决定由钢筋的弯曲端部直线延长的长度。但钢筋自身及制作上的原因不依据本书规定时，应参考类似事例，由试验等确认钢筋的性能、弯曲加工性能、混凝土的充填性能后再进行设计。

在考虑混凝土可以充分到达边角部位，不会损伤钢筋的材质，弯钩可以起到充分作用时，钢筋的弯曲内半径取值比《钢筋混凝土用钢筋》(JIS G3112)中弯曲试验所规定的内侧半径要稍大。在过去的实例中，为了减少管片边角部及棱线部无筋的范围，也可将钢筋的弯曲内半径取值比表 2-8 中的数值小 0.5ϕ 左右。

在管片中，配置的钢筋有受力钢筋及分布钢筋，另外还有架立钢筋、锚筋、加固筋等，若还要设置钢筋接头，从保证钢筋间距的角度出发可以说是很困难的，因此，原则上不设置钢筋接头。在管片中为了固定而使用的钢筋有接头及起吊金属器具的锚筋。为了充分发挥固定钢筋的强度，有必要保证所需的固定长度，以使钢筋端部不会从混凝土中拔出，或者对钢筋打弯或使用固定器具将钢筋牢靠地固定在混凝土中。管片接头锚筋的主要作用是将接头处的拉力传递给受力钢筋，因此应与受力钢筋一起设计，但在现实中为了方便几乎都将其只作为固定接头的钢筋来进行设计。在标准管片中，根据异形钢筋的拉拔试验结果，异形钢筋的埋入长度为约 12 倍钢筋直径时，可以承载与钢筋屈服点相当的拉力。因此，如果将锚筋的固定长度取为钢筋直径的 12 倍以上时，可以不在钢筋的端部设置弯钩。

3. 受力钢筋

（1）受力钢筋的配置

一般在混凝土管片中，因在管片的中央配置起吊环，进行偶数配筋的实例较多，但因接头形状及锚筋等影响也有进行奇数配筋的情况。此外，在标准管片中，即使对运输搬送、操作、拼装时所产生不可预测的荷载，为了得到不会对实用产生影响的强度，也应对正负弯矩进行同一配筋。

（2）配筋量

在混凝土断面上，当抗拉钢筋量极少时，在裂缝发生后抗拉钢筋立即屈服，表现出脆性破坏的现象；另一方面，当抗拉钢筋过多时，混凝土的受压破坏先发生，仍表现出脆性破坏的现象，并要考虑对混凝土充填性能的影响。因此，在限制混凝土管片的最小配筋比与最大配筋比时，有必要对其进行考虑。在过去的实例中，混凝土管片的抗拉钢筋比在 0.4%～2.2%的范围内，设定最小及最大钢筋比时可以参考此数据。但在抗拉钢筋比超过 1.2%时，在充分注意钢筋配置的同时，最好能考虑采用充填性能高的混凝土。

4. 分布钢筋、架立钢筋及其他钢筋

在一般的圆形隧道中，为了固定钢筋笼也可将分布钢筋作为架立钢筋来使用。在标准管片中，因可以靠架立钢筋起到分布钢筋的效果，其间隔规定为 300 mm 以下，也允许使用与受力钢筋不同种类的钢筋。

另一方面，在具有中壁及中柱的圆形隧道及多圆形隧道中，有些部位成为支点时或在矩形隧道的角部，因其位置上的剪力变得很大，必须配置抵抗剪力的箍筋与分布钢筋。此外，即使对一般的圆形隧道，在抗拉钢筋比超过 1%时，或对抗拉钢筋比在 1%以下的小断面隧道中，也有弯曲破坏会先期发生，构件的变形导致管片内径侧的混凝土发生剥落而破坏，必须加以注意。

2.8.5 其他焊接

对焊接结构物的可靠度来说，焊接处的质量特别重要，应选用可以保证所需要的管片形状、凹槽形状及强度的作业方法及顺序，正确且谨慎地进行施工。钢管片焊接要领及尺寸实例如图 2-26 所示。

将钢管片作为一次衬砌的盾构隧道多进行二次衬砌的施工。在浇筑二次衬砌的混凝土时，在纵肋的下部会残留空气，使完全填充混凝土变得困难，如图 2-27 所示。将这些残留空气排出的空气排出口在钢管片纵肋的单侧，或者在箱形铸铁管片纵肋的中央部分别设置缺口。此外，即使设置了排出空气的缺口，也无法排除环顶部的空气。

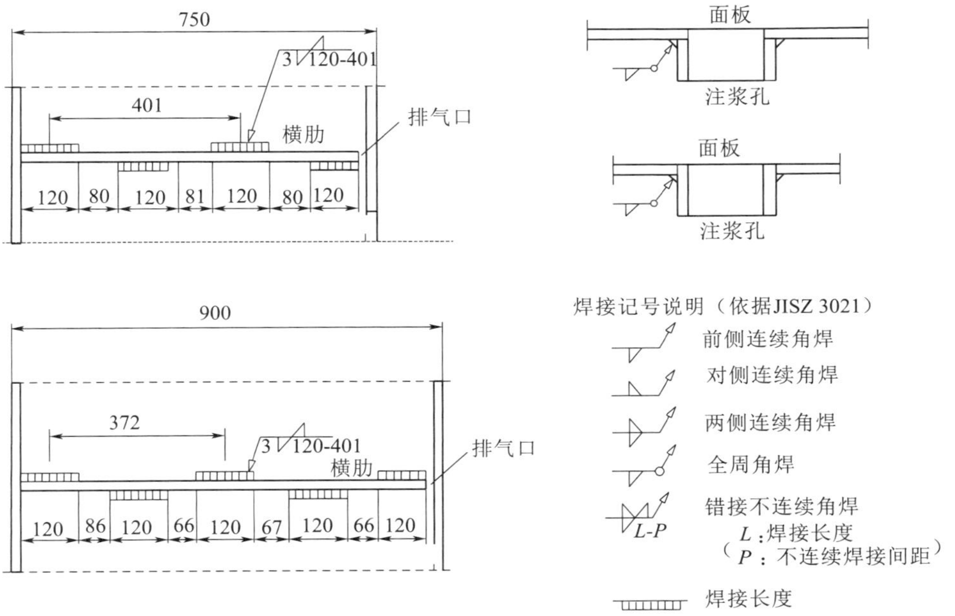

图 2-26　钢管片的焊接要领及尺寸实例(单位:mm)

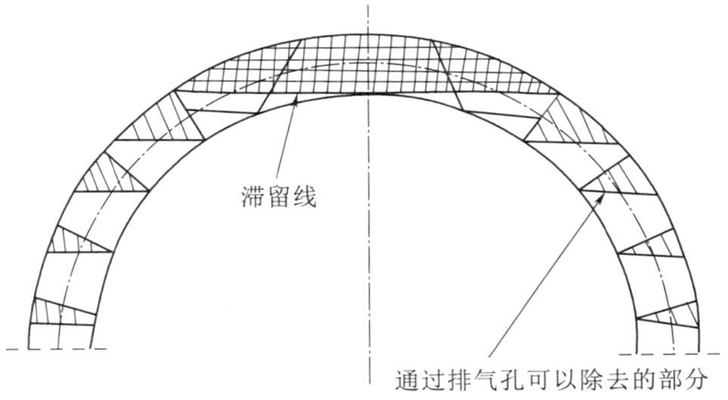

图 2-27　二次衬砌时空气的滞留

3 管片厂建设

随着地面交通日益饱和，为了提高城市空间的利用效率，全方位多领域协同运输已成为当前的交通建设发展趋势。城际、地铁的建设都离不开高质量的管片供应，管片市场面临着巨大的需求，这为管片厂建设带来了非常好的发展前景。为了保证管片的质量达到较高标准，在管片厂建设的过程中，需要综合考虑多种影响因素。本章从选址原则、场地规划、管片生产设备配置、管片模具选择、管片生产检测设备、管片厂建设标准、信息化建设等方面对管片厂建设中的相关事项进行介绍。

3.1 选址原则

3.1.1 自然条件

管片厂选址应考虑所选位置的地理、气候等自然条件。气温、湿度、压力、风向等环境因子可能给管片产量、库存，以及工作人员的作业条件等带来不利的影响。选择自然条件合适的地区建厂，不但能够减少通气、采暖、除湿、降温的开支，也可以减少因为天气问题造成的停工待料、延迟交付、不能顺利投产带来的风险。

自然环境因素包括地形、地貌以及占地面积、工程特性、水文条件等，都对管片厂选址作用影响重大，有时候甚至是决定性的。因此，管片厂址的地势要力求平缓并略有一定坡度，应尽量避免位于强地震区、断层、泥石流灾害等较恶劣的地质部位。

3.1.2 动力、能源和水的选择

管片厂选址需要确保水、电、气的正常供给，同时还涉及对三废的管理。

3.1.3 交通运输条件

按照产品和原料、零配件的运量规模和交通运输要求，管片厂选址应当尽可能临近河道、公路、港湾以及其他交通条件较好的地方，以降低运输成本。

管片厂选址应从原料、能源、产品与销售地之间的关系中争取最小运费点。

3.1.4 经济技术因素

经济技术因素包括拟选地的经济状况、协作条件、基础设施、技术水平、市场潜力、人口

素质与数量等。

3.1.5 社会、政策因素和管理机构素质

管片厂址选择应首先遵守国家的有关法律法规、经济发展规划，以及允许、限制、防止的措施等。根据地方政策，沿海大中城市、经济特区和各类开发区的建设项目审批权限与手续、税费减免等鼓励和优惠政策也很重要，应当列入比较。当地管理机构以及合作伙伴的素质关系到项目能否正常运营，对选址非常重要。

3.2 场地规划

在紧密结合施工进度和生产需要，满足远期扩大生产需要的前提下，对管片厂进行规划，主要划分为混凝土拌和区、管片生产厂房区、试验区、管片养护区、管片堆放区、附属配套设施区及生活办公区。

以管片生产工艺采用独立窑自动流水线生产模式为例规划，混凝土浇筑点固定在生产线上，拌和站通过运料小车把混凝土运输至浇筑点上方，再通过布料机布料浇筑。浇筑结束后，模具离开浇筑点，再由电脑无线控制的自行搬运车把模具搬离辊道，转移至固定窑内，在固定窑内构件进行静停。固定窑彼此独立设置，垂直排列在两侧生产线之间，每个固定窑分别可与两侧生产线及端头的摆渡辊道形成一个闭合回路，窑与窑之间互不影响，待一个固定窑摆满后，开始摆放下一个固定窑。

3.3 管片生产设备配置

管片生产设备的配置是管片厂建设中的重要工作，为了做好管片生产设备的配置工作，需要以管片生产工艺与流程作为基础，以生产车间的组建作为基本工作单元分模块进行，这样才能够有效地保障管片生产设备配置的有序进行，避免造成生产成本与生产资源的浪费。为了提高管片生产效率，在设备配置时还需从整体上对于自动化流水线的组建进行充分考虑，提高生产设备配置的可扩展性。

3.3.1 管片生产工艺与流程

管片生产的全过程主要由钢筋下料、钢筋笼制作、管片模具准备、混凝土浇筑、蒸养、脱模、修补、保养、管片存储与运输等主要步骤组成。首先，管片的生产需要按照设计图纸要求对钢筋原材料进行下料、加工成型。然后，将加工成型的钢筋构件逐一固定，采用气体保护焊接工艺将其焊接成钢筋笼。接下来，利用行车将钢筋笼吊入准备好的管片模具，再将管片模具关闭，就可进入管片浇筑环节。管片浇筑所用的混凝土需要运用行车进行运送，运达管片模具的上方之后，再采用吊斗就位浇混凝土的方式进行浇筑。管片浇筑成型后，先要对其表面进行打磨与光面处理，静置一段时间之后，再进行蒸汽蒸养。经过蒸养的管片混凝土如果已经达到脱模强度，就可以开始运用行车和专业吊具，将管片进行脱模并进行吊离模具的操作。随后，需要将管片转运至养护池进行自然喷水保养。达到水养标准之后，再根据施工

建设的需要，将管片运往施工现场。

3.3.2 管片养护方式

1. 静停养护

管片混凝土入模浇筑完成，打开盖板，人工三次收面至表层均匀细腻、无抹刀痕时，静停待其表层水初凝，或指尖按压无明显凹陷时，再盖上胶膜，以保证水分不挥发，并进行静停湿润的保护。静停保护得当，可防止或减小管片外弧面收缩裂纹的发生。

2. 蒸汽养护

管片成型后，按规程进行光面，混凝土达到初凝后，用手指按压外弧面无压痕时，外弧面覆盖塑料薄膜，在模具收面区，布置的蒸汽管道会对管片进行预热，预热时间 1.5 h 以上。然后根据模具工序流程，模具依次自动运转入蒸养窑进行蒸汽养护。蒸养窑内设置 3 个温区：升温区、保温区、降温区。利用隔板及温度传感器、电磁阀控制蒸汽量将各温区的温度分别控制在 40 ℃～45 ℃、50 ℃～55 ℃、40 ℃～45 ℃。管片顺序进入蒸养窑后，经过三个区域的总时间大于 3 h。

养护系统是由热源、温度传感器、温度控制器组成。每个区域都在温度控制器上设定好温度范围，温度控制器会根据传感器反馈的温度自动控制各个区域的温度，来保证管片的蒸养条件。

蒸汽养护流程如下：

(1)从成型到输入蒸汽此段时间为静停时间，静停时间不得少于 2 h。

(2)为防止因温度升高使混凝土各组分膨胀而损害内部结构，在自然温度下，每小时升温 10 ℃～15 ℃，禁止超过 20 ℃。蒸养温度 55 ℃～60 ℃，最高不得超过 60 ℃。固定式模具蒸汽养护分两班进行蒸养，每班 6 h，设专人负责，每小时记录一次温度，并及时调整汽量，控制温度。

(3)流水线模具蒸汽养护控制电脑设置好程序后进行自动化控制，人工辅助测量出蒸养窑后的管片温度，控制与外界环境的温差。混凝土脱模强度大于 15 MPa(真空吸盘)或 20 MPa(夹具)。

(4)严格执行降温程序，不超过所要求的温度降温时不得进行脱模。降温方式为，在达到所要求的蒸养温度后关上供汽阀，使模具和钢筋在自然冷却约 1 h 后方可脱模。但由于此降温过程中容易造成钢筋漏失、表面干缩等，因此应避免因室内外温度相差太大使钢筋发生收缩，而造成出现室内外温度裂纹。

3. 水池养护

管片已达到自动脱模强度，经拆模养护人员吊放后即吊入管片的保养池进行泡水保养。管片和水温相差不得大于 20 ℃。水池养护的主要目的是保证管片在自动脱模后及时补给水分，并确保水化热反应中有充足的水分，从而保证强度的提高，以满足设计需要。水池维护的水体应当为干净的自来水，而养护池的水位应当高于管片顶部 5 cm 以上，并进行修补与更新，以保证水体的干净。管片在水池中养护 7 d 后方可出水池。

4. 喷淋养护

管片在水池养护到期后，转至储运场，进行管片喷淋养护。堆场需要设置自动喷淋装置，并能覆盖到所有管片。养护期内保持管片表面湿润，按照由水池进入喷淋堆场的时间顺序，管片喷淋 7 d 后即完成喷淋养护。

5. 自然养护

对管片进行喷淋试验保养之后，必须原地放置和进行静停保养至其 28 d 的寿命范围内结束。管片必须在 28 d 内达到设计强度时，方可出厂。

3.3.3 管片生产车间的组建

为了确保管片厂生产设备配置的有序与高效，除了以生产工艺与流程为依据进行设备配置之外，还应从车间组建的角度对设备配置进行不同的模块划分。这是因为，管片厂的建设需要将钢筋车间、模具车间、养护池、存储站等多个生产车间进行修建与组合。只有充分考虑了各个生产车间的生产要求与设备配置要求，并将它们进行组合，形成一个联动的有机整体，才能够生产出合格的管片。

1. 钢筋车间

钢筋车间要进行的主要工作是将检查合格、符合制作管片标准的高质量钢筋进行调直、切断、弯弧、焊接等一系列操作，然后制作成管片生产所需要质量合格的钢筋笼。钢筋车间的特点是机械设备多、用电量大、车间设备配置较为复杂且需要不断根据生产情况做出灵活的变化。钢筋车间的主要设备有原材料堆放设备、半成品堆放设备、钢筋笼成品堆放设备；钢筋的调直与切断设备、钢筋的弯弧设备(分为部筋与箍筋、螺旋钢筋的弯曲等多种不同型号的弯弧设备)；钢筋车间通用的符合生产要求型号的胎模设备、电焊机设备与起吊设备等。

2. 模具车间

模具车间主要进行的工作是将钢筋车间生产的合格钢筋笼吊入相应的已组装完场的模具内，并在模具浇入符合标准的达到质量要求的混凝土，通过振动成型之后，再经过多次收面与蒸养，最后进行脱模、检查、修补、标识，生产出合格的管片。模具车间的设备配置主要包括模具堆放设备，水、风、汽、电管线设备及确保其分布与排列的设备，管片成品的临时堆放场地设备，管片成品的运输车、行车路线及管片起吊设备。

3. 养护池

养护池的主要工作是为了防止管片成品的混凝土发生干缩裂纹现象，使用水工艺对标识后的管片进行养护。养护池对于管片成品的后期强度达标具有重要作用。养护池的修建前期是巨大的工程，设备配置工作也很繁琐。但是，为了保证管片的质量达到较高标准，其配置是必不可缺的。养护池一旦建设与配置完成，其对于管片具有显著的良好保养效果。养护池在设备配置上首先需要注意在池底配备柔性木条，其作用是确保管片成品在出入养护池时，边角不被撞击力损坏。在管片成品进入养护池之前，应在管片成品的底部也配置相应的两条柔性木条，配置的位置应根据管片高度的实际情况决定，一般不高于管片高度的一半，这样管片在侧立时不会发生滚倒。其次需要注意的是养护池的深度问题。为了确保管片成品能够得到充分的水养，养护池的深度要做到比管片侧立时高 250 mm 以上。对于养护池要配置分区标识，这样不同的管片成品出入养护池时才可以避免混淆。

4. 管片存储场

管片经过养护之后，需要等待一个月左右，经过一系列的混凝土的抗压强度测试与其他相应试验，检测报告合格后才能投入施工使用。管片存储场的主要工作任务就是在养护之后的等待期间，保证管片有一个良好的存放环境。为了确保管片存储环境达标，需要配备足够的存储量，因此应从场地成本与管理成本多方面综合考虑，根据管片厂的生产情况、成品周转情况、工地施工情况等实际情况来决定存储场规模。其次，对于存储场的地面来说，硬度要符合标准才能够承载管片的重量。另外，存放的管片在进行分堆时每堆数量不能过多，每堆管片堆放具体数量根据管片实际大小与场地规模合理配置。同时，管片与管片之间在进行堆放时，需要采用厚方木进行区隔并预留叉车双向作业通道，以便于对管片的运送与取出。

管片存放如图 3-1 所示。

图 3-1　管片存放

5. 辅助性设备设施

除以上从不同车间组建角度分析的管片生产设备配置之外，管片生产还需要一些必要的、通用的生产设备与生产厂房，例如，锅炉房、空压机房、检测试验室、变电站、行车等。锅炉房对于能源进出与环境温度控制有较高要求。空压机房需要具有良好的隔音效果。检测试验室的场地应设置在相应的偏僻位置，同时其配备的设备应具有一定的抗震功能，以有效减少生产管片时周边环境震动的影响，提高检测的效率与准确度。变电站为管片厂生产提供必要的电力供应保障，其设备配置需要注意防火防灾要求，在场地选择方面尽量远离其他厂房和生产设备。行车工具是管片厂生产通用的必备设备，其主要作用是把模具与管片在模具车间、养护池与存储站间进行转运。

3.3.4　管片自动化生产设备

为了提高管片的生产效率，自动化生产是必然的趋势。在建设管片厂、进行管片生产设备配置时，需要根据资源、配套以及施工等多方面的实际情况来决定是否配备自动化流水线。但是，需要注意的是，即便当前并不具备配备自动化流水线的条件，也需要对于自动化流水线具有一定程度上的了解与考虑，在当前的生产设备配置上做出预留，为未来生产设备的拓展打下良好的基础。

传统的管片生产方式是模具在车间按照固定位置摆放，由生产操作的工人在多个模具之间来回操作以完成不同的生产流程。与传统的管片生产方式不同，自动化流水线是将模具安置在流动的生产线上，由管理人员通过控制台上的操作系统进行远程操控。生产操作工人只要站在个人固定的工位上，即可完成生产流程的操作。流水线自动化生产的操作系统与操作方法各有不同，但生产管片的主要流程与传统的固定式生产是一样的。

自动化流水线的控制系统对于整个生产过程起到关键作用，相当于是生产线的指挥部。自动化流水线上的所有操作与指令都由控制系统发出，在控制系统的统一指挥下，生产线的每个行动才可以有条不紊地进行。控制系统的工作原理是由软件指令通过 PLC 控制传感器控制各个生产设备的驱动电机，再由驱动电机直接带动相应动作，或由驱动电机直接带动液压泵站，再由液压泵站来进行相应的动作。而自动化流水线的行车装置一般以平移小车为主，通过平移小车就能够完成模具从生产线到养护线再到存储线的搬运。平移小车是一种液压控制系统，所有的动作都是由驱动电机带动液压泵驱动。平移小车首先把待保养的管片搬运到保养线，接着又把保养好的管片搬运到存储线。平移小车在多个生产环节可以实现循环应用。

除了用平移小平代替叉车，解决管片厂行车范围有限、空间不足、叉车成本高、存在安全隐患的问题之外，用真空吸盘取代传统的脱模吊具也是自动化生产带来的一项显著的生产过程优化。传统生产方式，管片脱模采用传统吊具，这对于进行脱模的管片提出了高强度的要求，如果管片脱模时强度不够，那么吊具插入就很有可能导致螺栓孔周围产生荷载裂纹。另外传统吊具在安装与使用时对于平衡的要求很高，如果起吊不平衡则导致管片的脱落，安全隐患大。真空吸盘可以有效地避免以上问题。真空吸盘可以在表面无损的前提下将管片牢牢吸住，杜绝了螺栓孔纹的产生。一旦出现吸力不足、重心不稳的情况，系统会自动报警，有效降低了管片跌落所带来的安全隐患。

3.4 管片模具选择

管片模具作为生产管片的专用设备，是影响管片生产质量的最主要因素。钢模为管片尺寸的精度提供具体保证，决定着管片质量的成败。所以对于管片厂的建设而言，如何进行管片模具的选择是一项必须得到重视的工作。为了做好管片模具的选择工作，要从管片模具的构造、精度要求、管片模具生产基本情况等多个方面进行综合考察，在充分了解管片模具的结构、功能、生产成本与投资效率等要素之后，才更有可能做出科学合理的选择。

3.4.1 管片模具的主要构造

管片模具的结构主要分为基本件与辅助件。其中基本件属于整体结构，包含了底座模、两块侧板模、两块端板模、两件上盖板模以及模芯，辅助件包含了孔台、锁销等辅助组成部分。各项基本件与其他辅助件一起，经过管片制造工艺组合形成拱形的腔仓。为了使管片腔仓在制作完成后可以顺利进行脱模，管片模具的上部一般都需要进行一些浇筑口的预留设计。

1. 底座模

管片模具底座模的位置处于整个模具的底部，在其底座模的下端面上，通过焊接加工固定槽钢、矩形钢管等钢体加固结构，其目的是通过对下部框架的组建，增加底座模的硬度与强度。整个底座模采用特殊的焊接工艺成型，焊缝形成之后不需要再进行额外加工。底座模下端面的钢体加固结构组成了整个模具的下部支架结构。底座模的上端面一般设计有专用的孔位，主要作用是安装附着式振动器。振动器对于管片模具支架的各方面质量具有重要影响，关系到管片模具的支架是否能够顺利地进行脱模。振动器在选择与安装时要根据模具的结构、大小与功能，在数量和位置上进行灵活调整。

2. 侧板模

管片模具的两块侧板模组件位于模具的两侧，用于形成模具制件的两侧环向面。侧板模由钢板进行焊接而形成，一般情况下对于制作工艺的要求是使用高精度的数控机床，并且采用优质的钢材进行加工而形成。面板底部的安装采用特殊工艺的倒角结构进行密封，一方面形成管片制件的倒角，另一方面也对两块侧板与底座之间的连接缝隙起到一定的密封作用。侧板模的下部设计有具有旋转功能的支架腿，支架腿的底部与底座模中的铰轴进行连接。支架腿的中部设计具有开合功能的螺栓，用于控制两块侧板模的开合。各支架腿都分别具有可以调节高低度的调节螺栓，以及具有紧固作用的紧固螺栓。调节螺栓的主要作用是在模具进行装配时，有效地调整侧板模的位置。紧固螺栓的主要作用是对侧板模与底座模加以固定。侧板模的两侧一般设计有定位装置，其主要作用是对侧板模与端板模之间的位置进行定位。定位装置之间有一些紧固螺栓，其主要作用是对侧板模与端板模进行固定。

3. 端板模

管片模具的端板模组件主要用于形成模具制件的两个端面。由于管片的结构具有对称性，端板模的结构与两块侧板模是相似的。端板模在两侧设置具有旋转功能的支架腿，其主要作用是控制端板模进行旋转。端板模的中部设置具有旋转功能的开合装置，其主要作用是控制端板模的开合。

4. 上盖板模

管片模具的上盖板模组件主要用于形成模具制件的外圆面，分为一左一右两组上盖板。每组上盖板设置两个支架腿，支架腿的下部与底座模通过焊接进行固定，支架腿的上部是上盖板模的旋转中心。上盖的四周设置具有连接功能的螺栓，其主要作用是对上盖板与端板之间、上盖板与侧板之间进行固定。支架腿的上部设置具有安全固定功能的特殊装置，其主要作用是用于固定打开后的上盖，防止其掉落。如果没有这个装置，不仅管片脱模的质量没有办法保障，而且还有安全风险。

管片模具顶部上盖板模是形成管片内表面的主要构造，为了使管片模具的质量达标，顶部上平板所采用的钢板应具有强度高、平面整体精度高、内外结构耐锈蚀等特点。管片模具的辅助构成主要包含孔台、弯销等。孔台的主要作用是形成模具制件的手孔。弯销的主要作用是形成模具制件连接各个螺栓的弧形通道。另外还包含一些装配散件，如字模以及各限位零件等。管片模具的辅助构成都需要在模具装配时进行完全焊接。

3.4.2 管片模具的精度要求

管片钢模与普通模不同，其技术标准具有明显差别，技术要求主要有高精度性、坚固耐久性、易于操作性三方面。管片模具的形成对精度具有较高的要求，一般为 0.1 mm 甚至更高。高精度管片钢模的精度要求检测指标有钢模宽度、钢模高度、钢模内径弧弦长、钢模外径弧弦长、纵向芯棒中心距、环向芯棒中心距等。为了达到生产标准，对于管片模具内部的钢板表面粗糙度也有相应的标准与要求，同时，对于钢板焊缝的焊接质量、使用过程中的维修与保养也都有着很高的标准与要求。

底座模、侧板模、端板模等管片模型的主体表面造型结构，其成型工艺精度以及脱模方法都对设计精度有着直接的影响。管片放入钢模内浇筑完成后，当混凝土超过标准所要求的高度后，便可完成脱模作业。

3.4.3 管片模具选择注意事项

(1)人工插入式管片模具的优点是价格低、配套设施少，但具有劳动强度大、生产效率低、管片内在质量不稳定。小批量管片生产项目一般会考虑选择人工插入式振捣式模具。附着式整体振捣通过直接固定在模具外表面的振动器进行振捣，具有生产效率较高、管片质量稳定的优点，但噪声大，对于混凝土质量及管模的强度要求高。振动台自动化振捣模具的主要优点是自动化程度高、生产效率高、噪声污染可控，但投资大、筹建周期长、易变形。另外，选择振动台自动化振捣模具还需要考虑现阶段流水线厂家的整体自动化水平。如果厂家的自动化水平不高，那么振动台及其运行所必需的驱动装置就很容易出现故障，模具的实际使用效率降低。

(2)从生产效率与成本投资角度考虑，人工振捣式模具与附着振捣式模具的生产效率比较稳定，而振动台自动化式模具的生产效率受周边设备与环境影响较大。人工振捣式模具的生产效率总体上比较低，一般每天生产最高可达 3 环。附着振捣式模具的生产率较高，每天可生产 4 环左右。人工振捣式模具价格较低，对管片厂的场地与设备要求不高，在投资的前期可以有效地节约生产成本。附着式振捣式模具效率高、质量稳定，生产过程中省工、省力、省时，但由于其对模具的强度与刚度要求较高，所以在投资的前期生产成本较高。振动台自动化式模具需要管片厂前期自动化功能完善，而且在生产中对模具的吊运比较频繁，前期生产投入较大。

3.5 管片生产检测设备

3.5.1 模具的验收及检测

1. 模具出厂前验收

管片钢模具生产厂家按设计图纸要求加工生产模具，并进行装配。装配完成后对每套模具的行腔尺寸，包括宽度、深度、弧长、对角线长度等进行检测，对于不符合要求的要进行装配调整。检测合格后出具尺寸检测原始记录表和模具出厂合格证明书，作为送至管片厂的模具证明材料。

2. 模具进场验收

管片钢模具运输到管片厂后，管片厂将模具安放于车间内指定位置。用水平测量仪器对模具四角水平高度进行测量，需要时在各角支座处支垫钢板，以使模具四角在同一水平高度，误差 2 mm。完成以上测量与支垫工作后，对模具支座处安装膨胀螺栓进行固定，以免在生产中由于振动移位。管片厂根据相关规范要求，对模具的各项尺寸进行检测复核，包括模具的宽度、深度、弧长、对角线等，符合规范要求后方可接收。

3. 管片试生产前的模具检测

管片试生产前，管片厂须对拟投入生产的模具进行清洁，并检测其各项尺寸数据，监理工程师现场抽检，并将检测数据形成检测数据记录表，监理工程师签字存档。

4. 管片外观尺寸检测及水平三环试拼装试验

在试生产前，可生产三环管片用于管片的外观尺寸检测和水平三环试拼装。管片生产并经水养护后，由技术人员用专用量测工具对管片的宽度、弧长、厚度等外观尺寸进行检测。其各项数据要符合规范规定的误差要求。在专用的水平三环试拼装试验台上，技术人员按图纸的拼装顺序模拟盾构隧道进行拼装(拼装试验时，管片为水平拼装)，以检验模具的整体拼装精度。拼装完成后按规范要求对水平三环试拼装的内径、外径、纵缝、环缝等尺寸进行检测，监理工程师现场抽检，符合要求后签字存档。以上试验完成并符合要求后，方可进行管片的试生产。

5. 管片钢模具在生产中的检测

在生产使用过程中，按规范要求每使用100次进行一次模具的尺寸检验，形成检测报告，报驻厂监理签认，存档以备检查。

3.5.2 主要试验项目及合格标准

1. 管片检漏试验

受检样品合格，则判定该批产品检漏试验合格。

2. 管片三环水平拼装试验

受检样品中，超差点不超过检查点的80%为该项合格，则判定该批产品的三环水平拼装合格。

3. 管片吊装预埋件抗拔试验

受检样品合格，则判定该批产品的抗拔性能合格。

4. 管片抗弯试验

受检样品合格，则判定该批产品的抗弯性能合格。

5. 混凝土抗压强度与抗渗试验

受检样品合格，则判定该批产品合格。

3.6 管片厂建设标准

管片生产厂区按功能区域划分为混凝土拌和区、管片生产厂房区、试验区、管片养护区、管片堆放区、附属配套设施区及生活办公区。

3.6.1 混凝土拌和区

1. 拌和站

在生产线浇筑点延长线上布置混凝土搅拌楼，配置两座HLS120型搅拌楼，配置6个

100 t 粉罐、2 个 400 t 粉罐及 6 个 200t 砂石料筒仓，如图 3-2 所示。砂石来料直接由地漏斗经斜皮带提升，以水平配料机投放到目标立体料仓储存，料仓下方的出口安装平皮带，经由上料斜皮带提升到高位料仓临存，高位料仓下方是配料秤，称量好的砂石料无损地投放入搅拌罐进行拌和，整个卸、存、上、投料过程全自动封闭操作，无须装载机参与。拌和站基础、掺合料罐及立体砂石料仓基础根据场地土质情况进行基础处理。

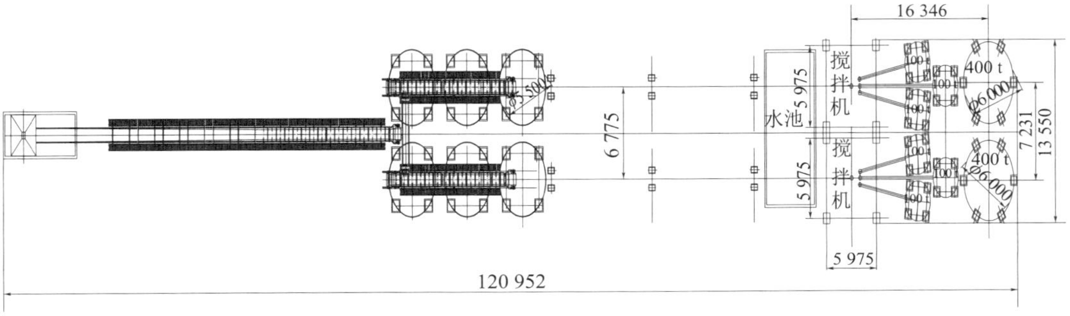

图 3-2　拌和站平面布置(单位：mm)

2. 拌和用水储存水箱

拌和用水需持续储备 75 m^3，采用 4 mm 厚的 Q345 材质钢板焊接制作水箱，储存水箱尺寸为 10 m×4 m×2 m，用来保证拌和用水得到充分储备，如图 3-3 所示。

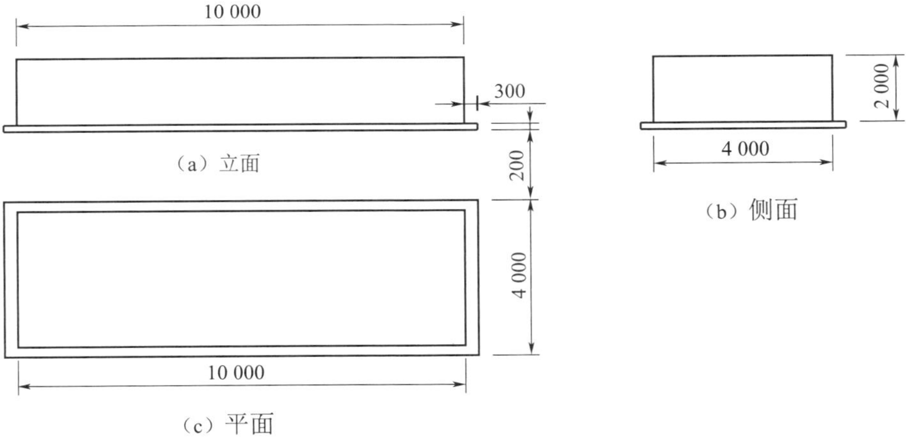

图 3-3　拌和用水储存水箱(单位：mm)

3. 沉淀池

在拌和楼下设置三级沉淀池，沉淀池设计尺寸为 10 m×3 m×2 m，如图 3-4 所示。沉淀池底板和四周侧墙采用 C30 混凝土，厚度 0.3 m，中隔墙采用 240 型砖砌结构，抹面采用 M7.5 砂浆。沉淀池底部及四周侧墙采用混凝土永凝液(DPS)防水涂料进行防水处理。

4. 料仓

砂石料上料仓采取地埋式，并建在 16 m×11 m×5 m 彩钢板房内，板房基础采用 0.3 m×0.3 m C20 混凝土圈梁。料仓顶部与地面相平，四周设 0.3 m×0.3 m C15 混凝土

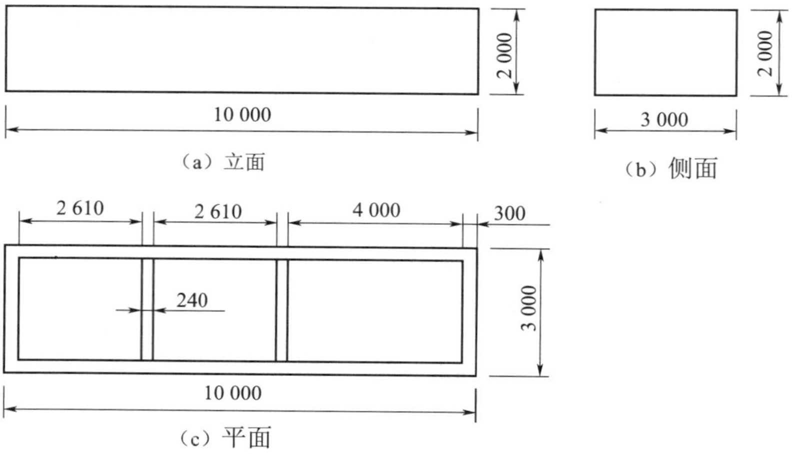

图 3-4　沉淀池(单位:mm)

挡水坎。

砂石料入仓皮带系统、砂石料入灌皮带系统采用宽度为 1 m 皮带,传送带、上料仓及储存罐上设置彩钢板防雨棚;传送带防雨棚须将传送带侧面包裹不少于 1/3,防止侧面进雨。

拌和站砂石料入仓皮带系统、砂石料入罐皮带系统布局及尺寸如图 3-5 所示。

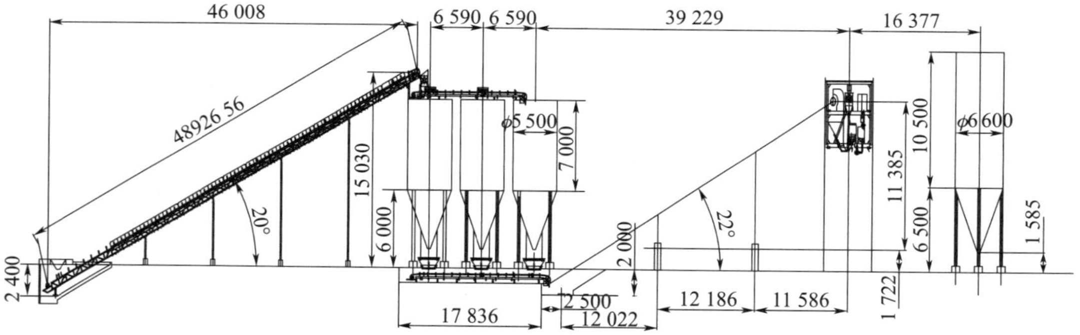

图 3-5　砂石料入仓、入罐皮带系统布局(单位:mm)

在拌和站南侧设置备用料仓,备用料仓为 15 m×15 m×2.5 m,共计 6 座,料仓钢结构顶棚净高 7.5 m。备用料仓采用 C25 钢筋混凝土,底板厚 0.3 m,墙厚 0.4 m,底板和墙身均配置双层双向 ϕ12@200 钢筋网片,侧墙外侧间距 2 m 设置一道三角撑,如图 3-6 所示。

设备配置:ZL50 装载机 1 台、150 t 汽车衡 1 台。

3.6.2　管片生产厂房区

管片生产厂房区分为管片生产区和钢筋加工区。厂房横向跨度为 16 m+18 m=34 m 两联跨,纵向长 232 m,建筑檐口距地面净高 13.0 m ,屋面排水坡度为 10%,采用有组织排水。钢结构外墙 1.20 m 之下的墙体均采用水泥砖或灰砂砖,墙厚 180 mm, 1.20 m 以上外墙均采用压型钢板。厂房基础按照堆放一层管片考虑,要求不可沉降。车间地面结构层为

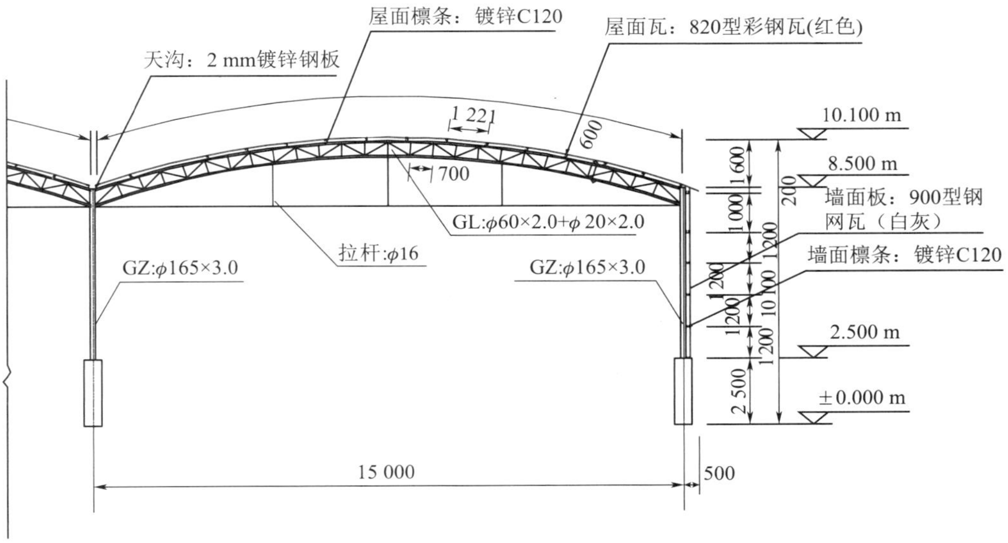

图 3-6　备用料仓立面(单位：mm)

0.10 m 厚 C15 混凝土垫层，0.2 m 厚 C30 钢筋混凝土结构层，设置双层双向 ϕ12@300 钢筋网片，如图 3-7 所示。

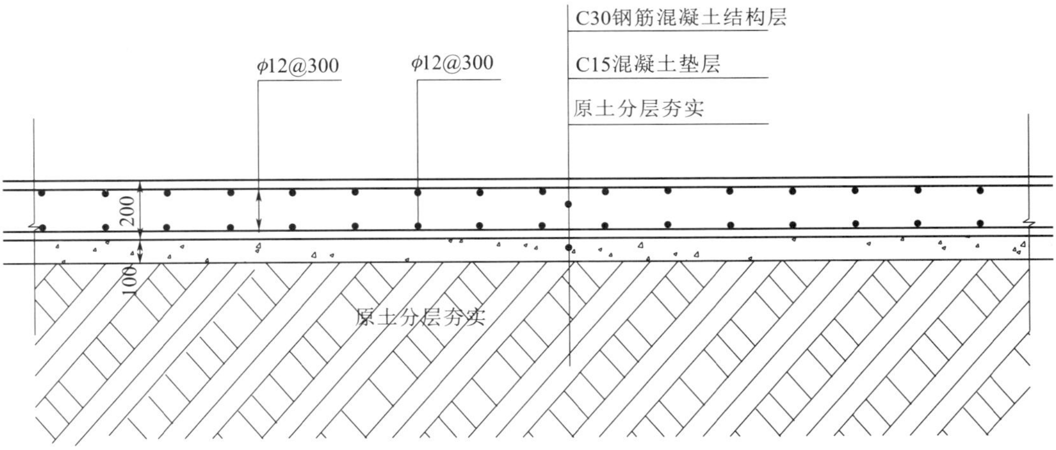

图 3-7　车间地面剖面大样(单位：mm)

屋脊设简易通风气楼，屋面采用 0.5 mm 厚 840 型镀锌单板；厂房四周墙面采用 1.2 m 高 240 型砖墙＋0.5 mm 厚 840 型镀锌单板。厂房四个方向均设置厂房大门，东西两侧墙面设置三层窗口，保证厂房内白天光线满足施工生产需要。

厂房设三排窗户，沿车间长度方向间距 3 m、宽度方向间距 2.5 m 进行布局。下排窗户距地面 1.2 m，为 3 m×1.8 m 铝合金窗框，玻璃应采用安全玻璃；中排窗户距下排 1.6 m，尺寸、材质与下层相同；上排窗户距地面 1.2 m，为 3 m×1.5 m 成品柏叶窗。

屋顶面设置屋面风机和采光带，具体设置如图 3-8 所示。

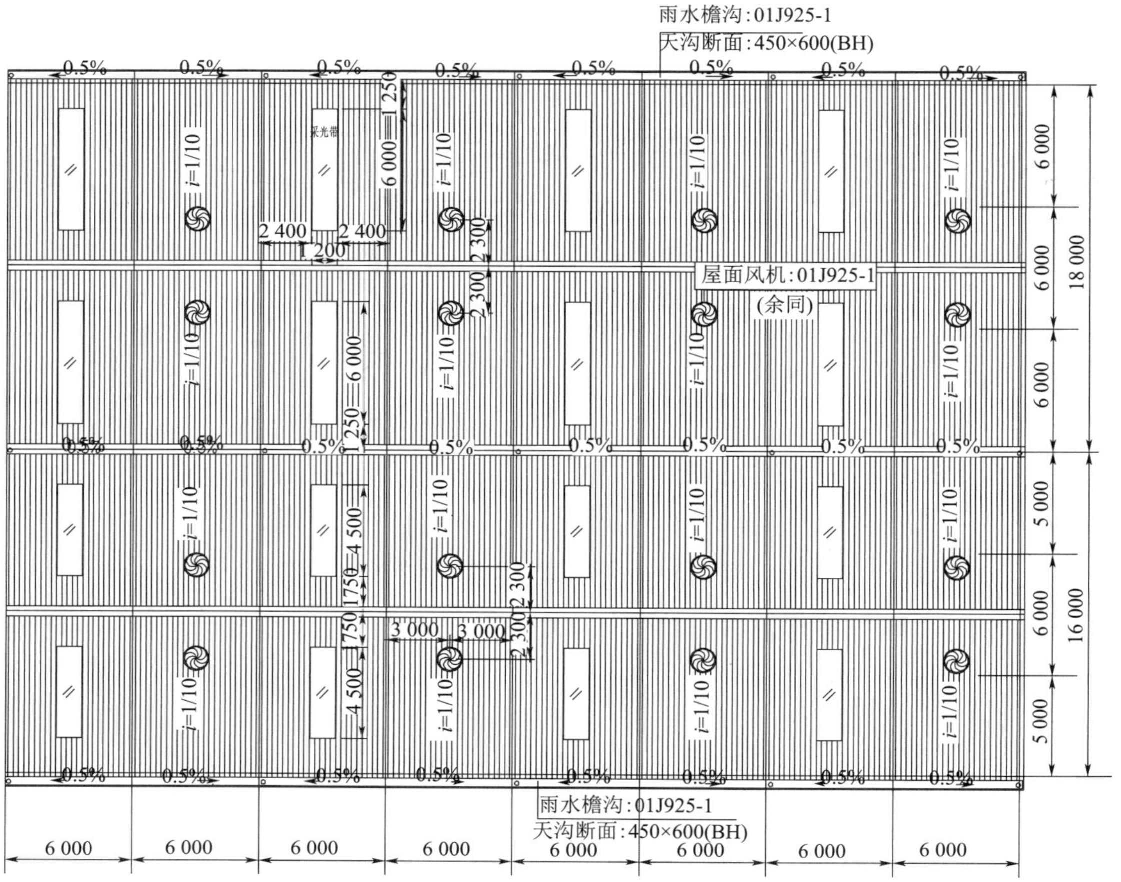

图 3-8　厂房屋顶采光带及屋面风机布置(单位:mm)

1. 钢筋加工区

钢筋加工区位于管片生产区前段,分为半成品加工区、钢筋笼加工区和钢筋笼成品存放区。

(1)半成品加工区配置 10 t 行车 2 台、5 t 行车 2 台、数控弯箍机 2 台、数控调制切断机 2 台、数控弯弧机 4 台、数控弯曲机 4 台、弹簧机 1 台,如图 3-9 所示。

(2)钢筋笼加工区位于管片生产区养护窑顶。按每个胎模一天生产 10 块钢筋笼配备胎模,日产量 36 环(7 块/环)需要 26 个胎膜,实际按 27 个胎膜配置,配备 3 台 5 t 行车,如图 3-10 所示。

(3)钢筋笼存放区设置在管片生产区混凝土浇筑台周边及车间安全通道的下方,配备 1 台 20t 行车(与管片生产区共用)。存放钢筋笼时,5 块钢筋笼重叠堆放,存放区可存放钢筋笼约 54 环,满足两天生产量,如图 3-11 所示。

2. 管片生产区

(1)管片生产区基本情况

管片预制作业采用固定窑式生产线,设置 3 个振动模位,18 个固定窑,按每天生产两个循环计,日产量为 36 环。

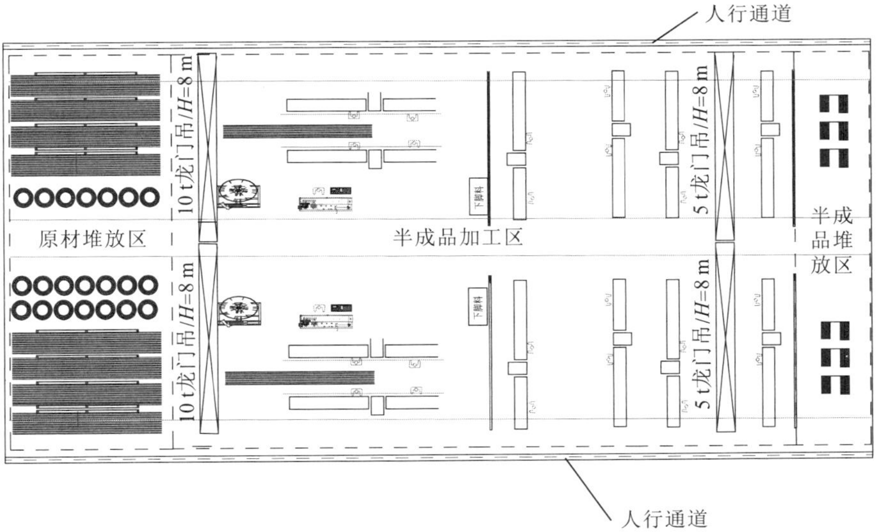

图 3-9 半成品加工区平面布置示意

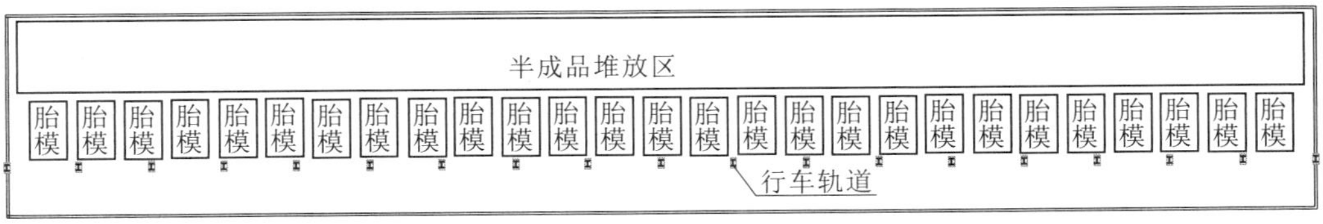

图 3-10 钢筋笼加工区平面布置示意

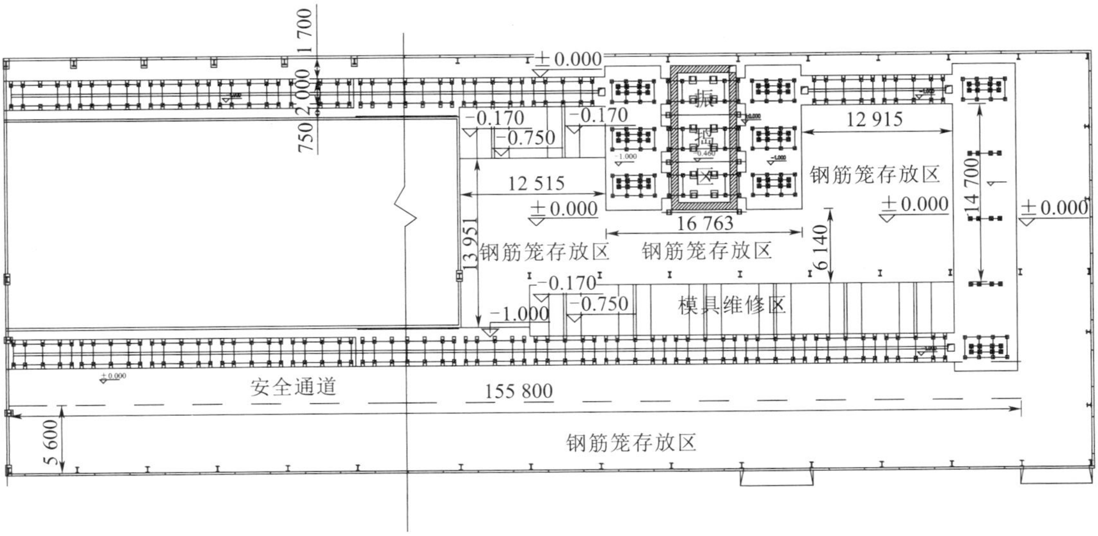

图 3-11 钢筋笼存放区平面布置示意(单位:mm)

（2）固定窑设置

单个固定窑尺寸为 17.4 m×6 m×4 m，沿生产线每 6 m 设置 1 个，共设置 18 个，每个窑最多可放置 8 块模具，共放 144 块模具。以 8.5 m 外径管片为例，每个窑放置 1 环（7 块）模具，18 个窑可放置 18 环模具。

固定窑采用混凝土框架结构，框架结构内沿 17.4 m 窑深度方向在两侧墙身各均布 5 根 0.6 m×0.6 m 立柱，柱高 3.2 m，柱顶设置 0.3 m 厚顶板。立柱和顶板均采用 C30 钢筋混凝土，框架结构间采用 0.36 m 厚水泥砖砌筑，并用 M7.5 砂浆抹面。

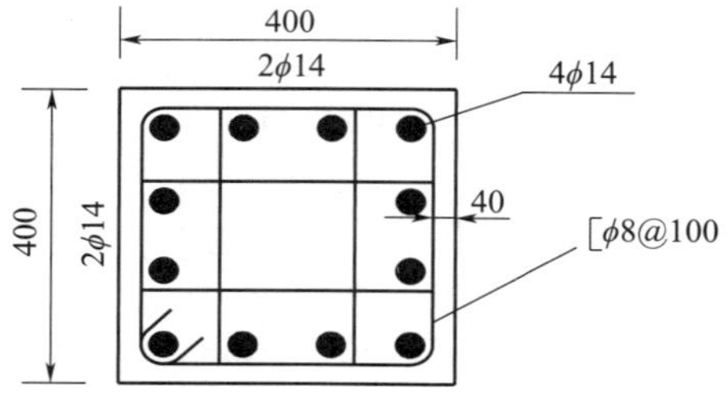

图 3-12　立柱钢筋布置示意（单位：mm）

立柱钢筋设置：保护层 4 cm，竖向每边设 4 根 ϕ14 钢筋，箍筋 ϕ8@100，如图 3-12 所示。

顶板钢筋设置：顶板设置双层双向钢筋网片，上层为 ϕ12@150，下层为 ϕ16@150，保护层 3 cm。

基础根据地质情况进行设计，可采用桩＋承台、承台、垫层＋底板等形式。

（3）设备配置

配置 4 台 10 t、2 台 20 t 行车（不含固定窑顶钢筋笼加工区行车），10 t 叉车 1 台，4 t 燃气锅炉 1 台，真空吸盘 2 台、13 m^3/min 螺杆式空压机 1 台、22 m^3/min 螺杆式空压机 1 台，如图 3-13 所示。

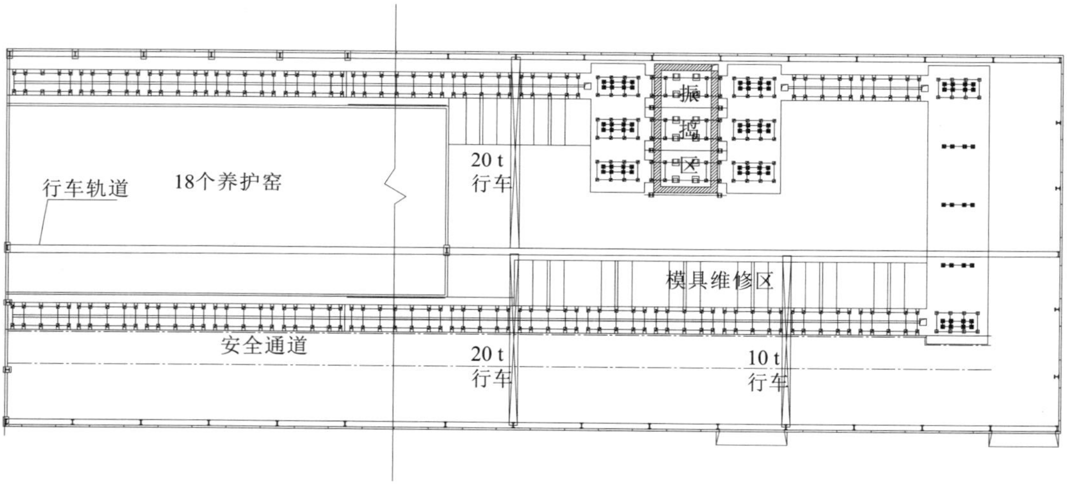

图 3-13　管片生产区平面布置示意

3.6.3　试验区

试验区分为试验室办公区及专项试验区。

1. 试验室办公区

试验室办公区设置胶材室、化学室、集料室、土工室、混凝土室、标养室、力学室、现检室、耐久室、样品室，各功操作间按照布局合理、使用方便、整洁美观的原则进行科学布置，如图 3-14 所示。

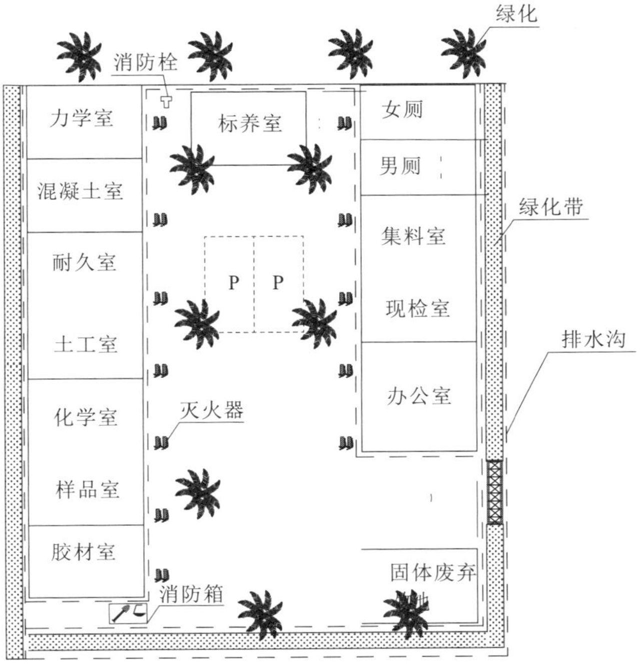

图 3-14　试验室办公区平面布置

试验室用房采用阻燃彩钢板活动板房，彩钢板房门窗齐全，均设置了可开启窗户，确保通风良好。屋顶选用阻燃、防水材料。屋顶采用红色“人字形”双面坡，确保排水顺畅。房屋四周设置排水系统，防止雨季发生积水。

试验室内外墙壁均为白色，各功能室(除养护室外)地面全部贴淡黄色地板砖。样品室分待检区、已检区。养护室内部采用保温保湿砖砌结构，在养护室地面设置水槽及沉淀池。

试验室操作间各室面积应符合《铁路建设项目工程试验室管理标准》(Q/CR 9204—2015)要求，满足日常办公需要。

各功能操作室配有相应的试验室管理制度，每台仪器设备配有专门的仪器设备管理规程并明确仪器设备管理人，仪器使用台账按操作室集中放置，每台仪器设备均建立维修保养台账，统一装入相应仪器档案袋内，并存放于资料室。各种管理制度及操作规程统一用框图张贴上墙，仪器设备状态标识分“合格”“准用”和“停用”三种状态，分别以“绿”“黄”“红”表示。每台仪器设备设仪器设备状态标识卡，以明确仪器设备操作者、管理编号及现用状态等。

试验仪器设备合理有序摆放，操作区无交叉区域，将特别敏感的仪器设备与普通仪器分开设置，彼此之间有温、湿度干扰的尽量远离。仪器设备摆放在操作台或混凝土基础上，凡是带地脚螺栓的设备都砌筑基座用地脚螺栓固定。设备安装时，设备的放置高度、正面朝向应便于操作、维修。

试验室办公区地面采用 0.2 m 厚 C20 混凝土。试验室操作间过道处应每 5.0 m 摆放一组灭火器，还应在试验室区域内合理布置增加消防插、消防斧、消防砂、消防桶、灭火器等消防设施。

试验室内部电路及设备用电均采取安全保护措施，每台设备插座接地，大型及大功率设备采取独立开关，以确保仪器设备及操作者的安全。需用水的操作室布有供水管道及泄水管道，给排水采用 PVC 管，管的直径满足流量要求。对外排水设置有机沉淀池，防止下水道堵塞。

2. 专项试验区

专项试验区设置在管片堆放区端部，主要施作成品管片功能试验，以便于监督管片成品的总体质量。主要试验包括：管片抗弯试验、管片检漏试验、管片三环拼装试验、管片外观试验、抗拔试验等，地面承载力及结构层同管片堆放区，并配备一台 10 t 龙门吊，如图 3-15 所示。各项功能试验设备需专门定制，并符合《预制混凝土衬砌管片》(GB/T 22082—2017)要求。专项试验区四周设置 2 m×1.5 m 安全防护栏，使试验区与管片堆放区隔开。在道路边设置长 4m 的带锁门，便于叉车进出。

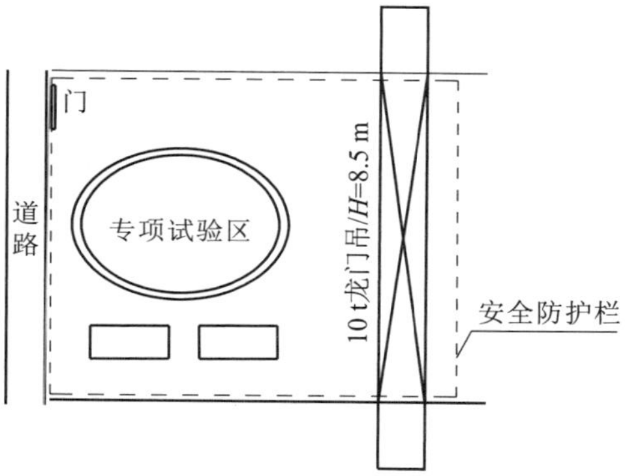

图 3-15　专项试验区平面布置

3.6.4　管片养护区

管片养护池为半嵌入型，分为 3 个独立水养池，每个养护池设 4 个分隔，养护池内管片双层摆放。

养护池采用 C30 钢筋混凝土，抗渗等级 P8；基底设计承载力 100 kPa，底板垫层为 C15 混凝土，厚度 0.3 m，养护池施工缝采用中埋式止水带＋涂刷防水涂料进行结构防水处理。

每个独立水池设一台 10 t 龙门吊，每个间隔之间设置 DN150 PVC 循环水管，并配备一台直径 150 mm、10 kW 的离心式管道泵，用于每个间隔间的水循环。3 个独立水池共设置 3 台 10 t 龙门吊、3 台直径 150 mm、10 kW 的离心式管道泵。

养护池底部采用活动式垫条通长铺垫，管片出入池时，在放入或取出管片上设置两个 U 型橡胶卡子，且在该管片相邻两侧管片上同时设置 U 型橡胶卡子，防止管片磕碰。

每个独立水池顶部设置高度为 1.2 m 的钢管防护栏，上下水池设置带扶手的角钢爬梯，确保作业人员安全。

独立养护池平面布置如图 3-16 所示。养护池平面配筋及施工缝处理如图 3-17 所示。

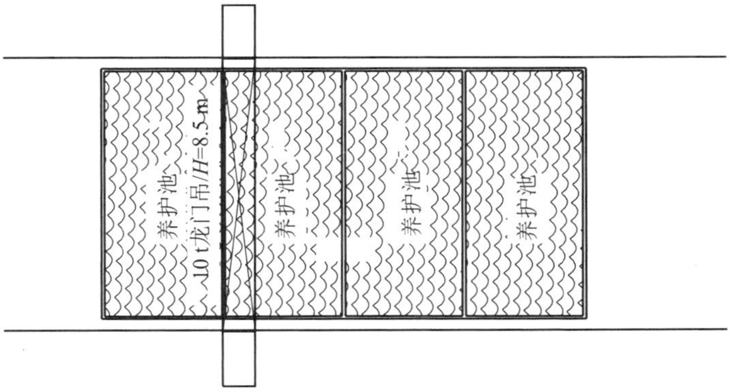

图 3-16 独立养护池平面布置

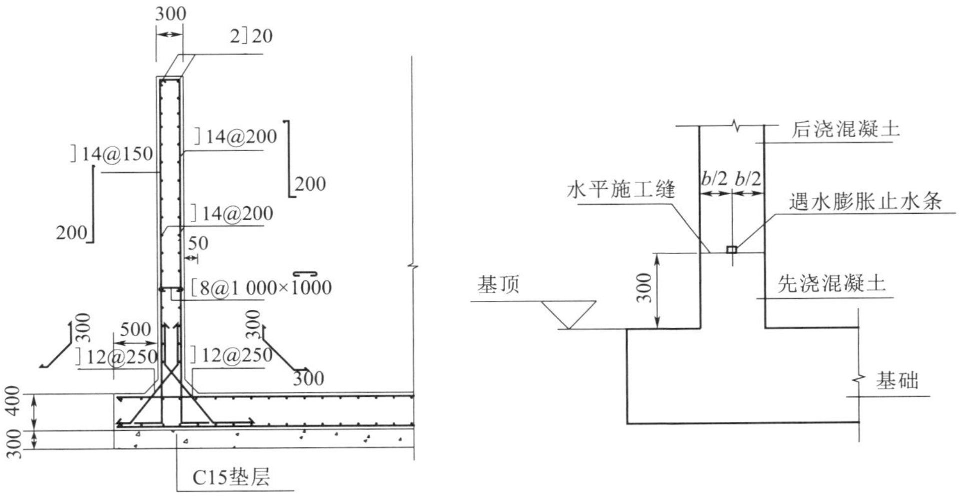

图 3-17 养护池平面配筋及施工缝处理(单位:mm)

3.6.5 管片堆放区

管片堆放区平面布置如图 3-18 所示。管片堆放区应采用 0.3m 厚 C25 混凝土硬化,基底设计承载力为 150 kPa,内设双层 ϕ16@200 钢筋网片,由下至上依次铺设 10 cm 厚三七灰土,40 cm 厚片石,10 cm 厚级配碎石,如图 3-19 所示。

3.6.6 生活办公区

生活区办公区可分为管片厂项目办公区、管理人员生活区、生产人员生活区。

1. 管片厂项目办公区

办公区采用 3 m×6 m 单层标准打包箱式建筑。办公室设置书记办公室、经理办公室、总工程师办公室、监理办公室、业主办公室、大办公室、财务室、党员活动室、会议室、接待室、

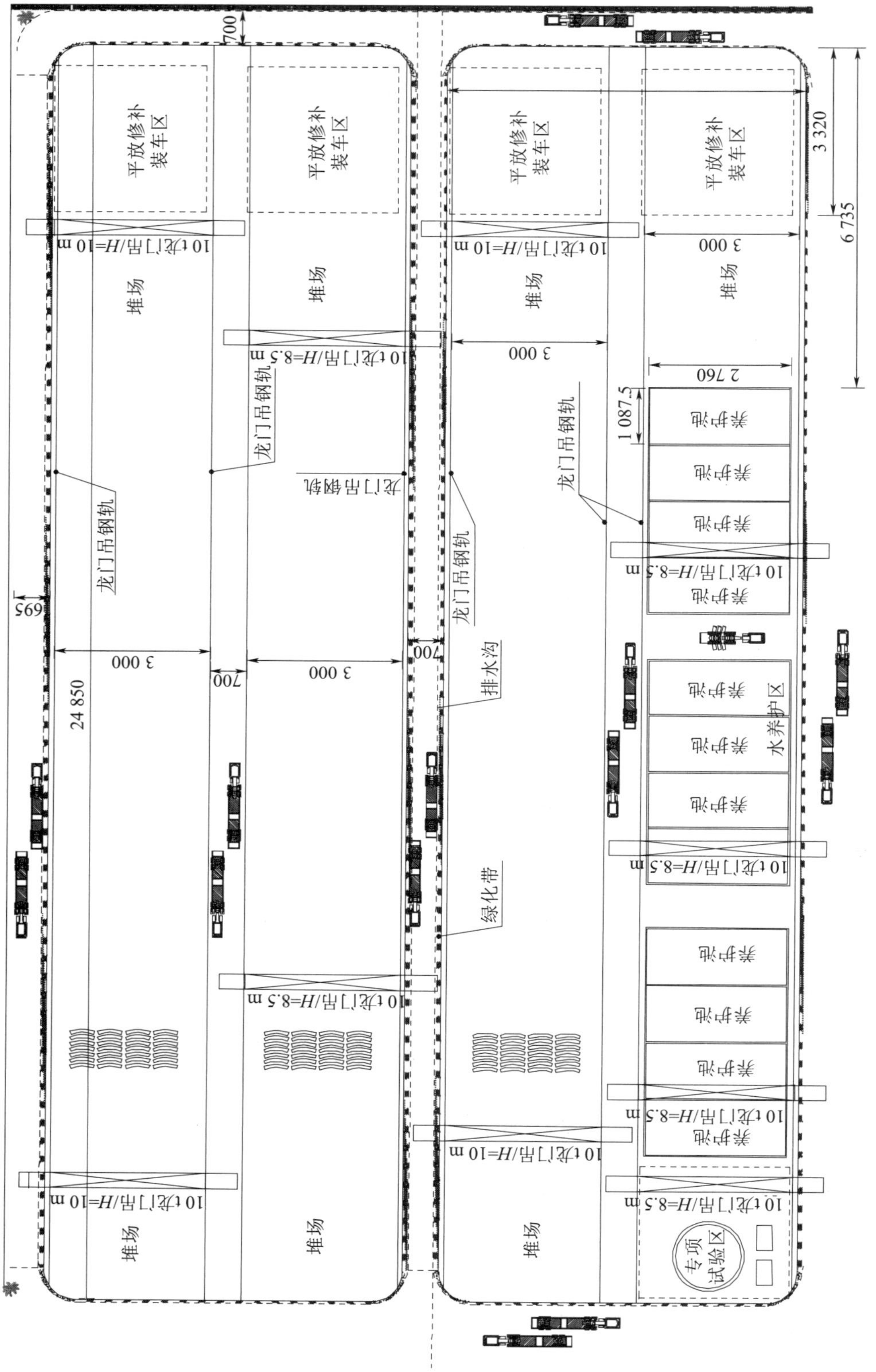

图 3-18 管片堆场平面布置示意（单位：cm）

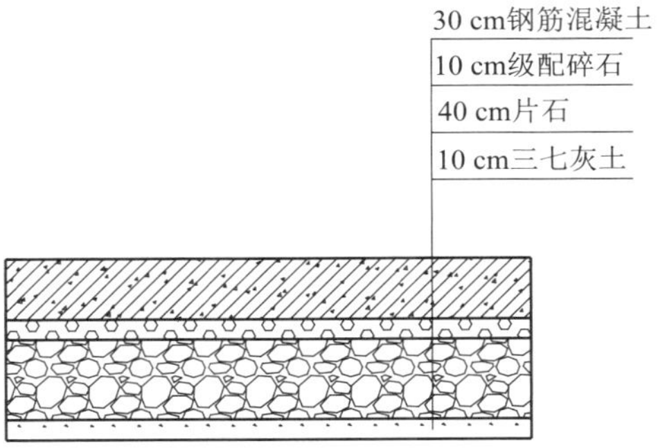

图 3-19 堆场硬化结构示意

档案室、监控室、库房等房间，外形采用玻璃幕墙形式，如图 3-20 所示。

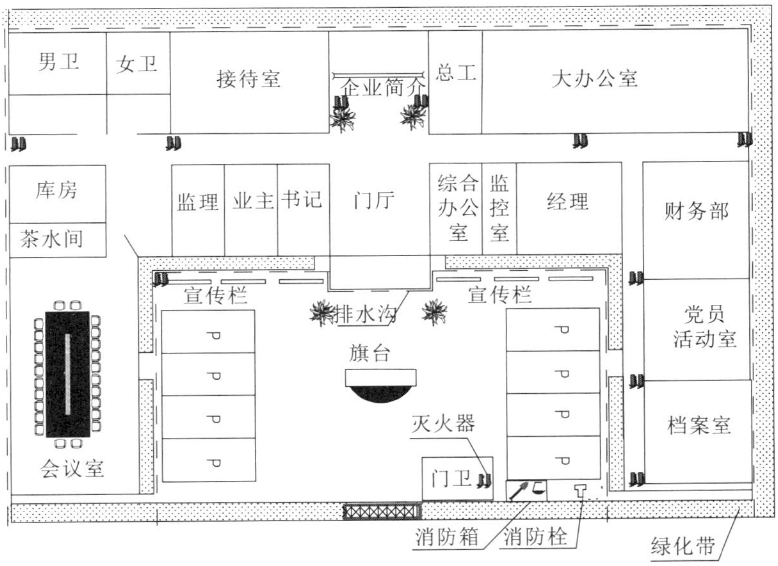

图 3-20 管片厂项目办公区平面布置

院内场地采用 0.2 m 厚 C20 混凝土进行硬化。

2. 管理人员生活区

管理人员生活区采用单层 3.6 m×6 m 板房集装箱结构，设置卫生间、洗漱间、食堂、招待厅、浴室、娱乐室等生活配套设施，满足管理人员、业主和监理住宿、饮食及项目招待等相关工作，如图 3-21 所示。

院内场地采用 0.2 m 厚 C20 混凝土进行硬化处理。

3. 生产人员生活区

管理人员生活区除食堂、操作间、储物间采用单层设计外，其余均采用双层 3.45 m×7 m 阻燃彩钢板活动板房，配套设置卫生间、晾衣间、食堂、操作间、储物间、双层宿舍等生活配套设施，如图 3-22 所示。

院内场地采用 0.2 m 厚 C20 混凝土硬化处理。

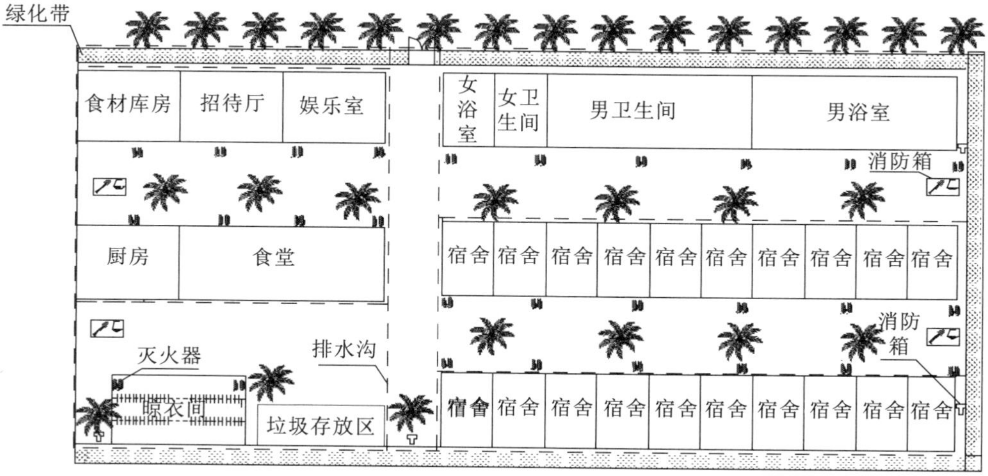

图 3-21　管理人员生活区平面布置

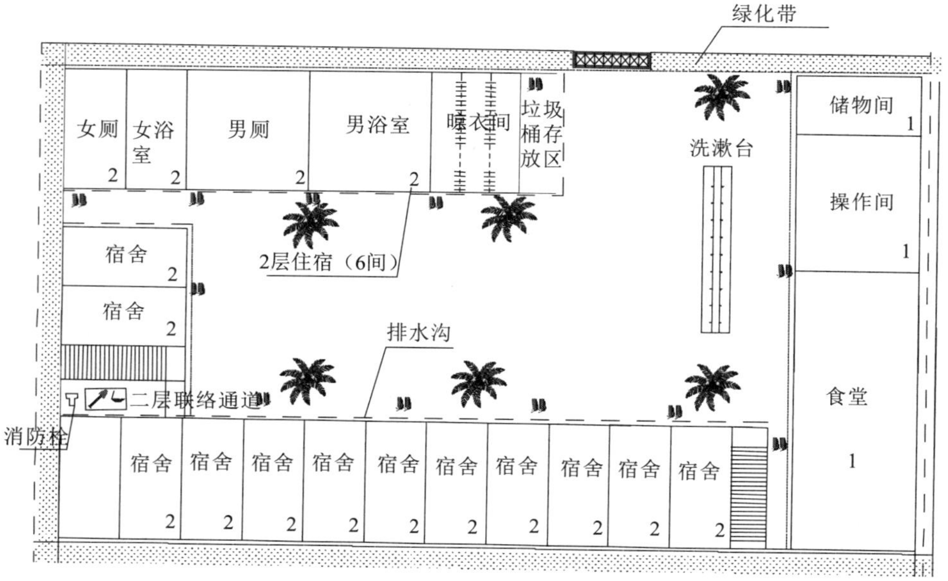

图 3-22　生产人员生活区平面布置图

3.6.7　附属配套设施区

1. 场内道路

场内道路采取环形设计，分为 7 m、12 m 和 15 m 三种。其中，堆场与堆场、堆场与养护池之间、堆场与围墙间道路为 7 m；车间端部与围墙之间设 12 m 道路；养护池与车间之间道路为 15 m；生活区与生产区之间道路宽度设置 12 m。施工道路按照 30 年使用年限，轴载 25 t、地基承载力 150 kPa 进行设计；路面采用 0.25 m 厚 C25 钢筋混凝土，内设 ϕ12@200 单层双向钢筋网片，由下至上依次铺设 10 cm 厚三七灰土，40 cm 厚片石，10 cm 厚级配碎石。

场内道路结构层如图 3-23 所示。

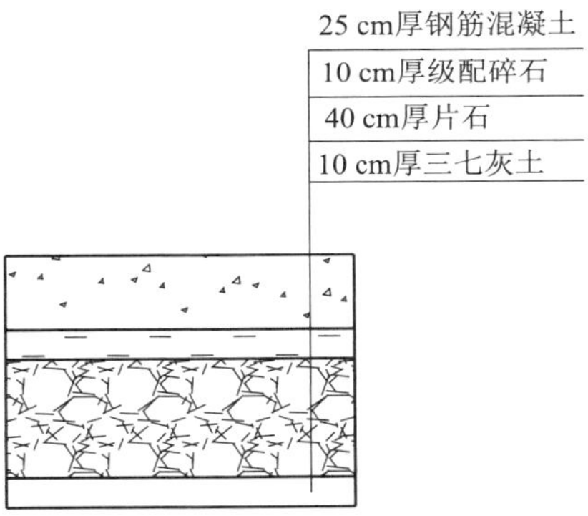

图 3-23 场内道路结构层示意

2. 龙门吊基础

车间外龙门吊均为 10 t，起吊最大管片重量 6.5 t，为单侧双轮，双轮间距 2.4 m，基础承载力按 150 kPa 进行设计。基础下设 0.6 m 宽、0.1 m 厚 C15 混凝土垫层；基础采用 C30 钢筋混凝土，基础宽、厚均为 0.4 m，铺轨道采用 P43 型轨道。

10 t 龙门吊基础配筋如图 3-24 所示。

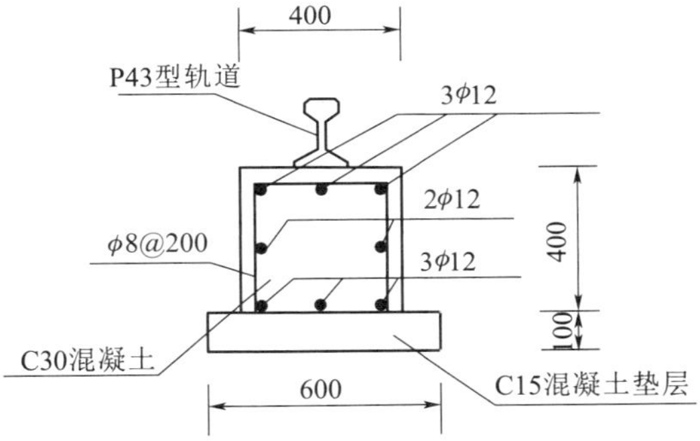

图 3-24 10 t 龙门吊基础配筋示意(单位：mm)

3. 围墙及大门

厂区四周、厂区内生活与办公区之间及与堆场间均采用铁艺栅栏围墙进行隔离。

铁艺栅栏砖砌部分围墙露出原地面高度为 0.8 m，墙厚 240 mm，间隔 6.42 m 设置墙柱，墙柱尺寸为 0.37 m×0.37 m×2.5 m，间隔 19.3 m，设置沉降缝，沉降缝宽 2 cm，沉降缝两侧均设置墙柱。墙体涂抹 20 mm 厚 1∶2.5 水泥砂浆后刷白。每幅围墙底部中心位置设置直径 150 mm 排水孔，围墙基础开挖后自下而上依次施作 0.3 m 厚、0.8 m 宽三七灰土回填层+0.6 m 厚、0.8 m 宽 C15 混凝土基础+0.24 m 厚砖基础。

大门两侧砌筑 80 cm×80 cm×300 cm 门柱，表面贴深红色瓷砖，门柱表面悬挂沥青拌和站铭牌，大门净宽 10 m，安装电动推拉门。

3.6.8 环境保护措施

1. 扬尘控制

(1)常温干燥气候施工期间,每天派专人洒水,将集水池内的水抽至主要淋湿路面,减少扬尘。

(2)在现场设置封闭式垃圾站。施工垃圾用装载机运至垃圾站,对垃圾按无毒无害可回收、无毒无害不可回收、有毒有害可回收、有毒有害不可回收分类分拣、存放,并选择有垃圾消纳资质的承包商外运至规定的垃圾处理场。

(3)齿锯切割木材时,在锯机的下方设置遮挡锯末挡板,使锯末在内部沉淀后回收。钻孔用水钻进行,在下方设置疏水槽,将浆水引至容器内沉淀后处理。

(4)保证运土车、垃圾运输车、大型货物运输车辆运行状况完好,表面清洁。散装货车箱带有可开启式翻盖,装料至盖底为止,限制超载。挖土期间,在车辆出门前,在冲刷口派专人清洗泥土车轮胎。

2. 噪声控制

(1)门吊:运行平稳且噪声小。

(2)钢筋加工机械:性能良好,运行稳定,噪声小。

(3)木材切割:在木材加工场地切割机周围搭设一面围挡结构,以减少噪声污染。

(4)混凝土输送泵噪音控制:结构施工期间,根据现场实际情况确定泵送车位置,布置在远离人行道区域的空旷位置,采用噪声小的设备。

(5)混凝土浇筑:尽量安排在白天浇筑,选择低噪声的振捣设备。

3. 光污染控制

(1)电弧焊焊接,用废旧模板钉围护挡板。

(2)工地周边及门吊上设置大型罩式灯,保证强光线不射出工地外。

(3)必要时在工作面设置挡光彩条布或者密目网遮挡强光。

4. 污水控制

(1)雨水:雨水经过沉淀池后排入市政管网。由于场地全硬化,减轻了沉积物的数量。

(2)设置隔油池:在工地食堂洗碗池下方设置隔油池,每天清扫、清洗,油污随生活垃圾一同收入生活垃圾桶,由专业回收单位收走。

(3)沉淀池设置:清洗混凝土搅拌车、泥土车等的污水经过沉淀后,可再利用于现场洒水和混凝土养护。

5. 土壤保护

(1)隔油池定期清理,排水沟和沉淀池每周清理一次。

(2)对于有毒有害废弃物如电池、墨盒、油漆、涂料等应回收后交有资质的单位处理,不能作为建筑垃圾外运废旧电池回收,统一处理,避免污染土壤和地下水。

(3)在有可能漏油机械的下方铺设托盘集油,最后集中处理。

6. 建筑、办公垃圾控制

(1)通过合理下料技术措施,准确下料,尽量减少建筑垃圾。

(2)实行"工完场清"管理措施。

（3）提高施工质量标准，减少建筑垃圾的产生。

（4）废旧材料的再利用：利用废弃模板钉做围护结构，如遮光棚，隔音板等；利用废弃的钢筋头制作楼板马凳、地锚拉环等。

（5）利用木方、木胶合板搭设道路边的防护板和后浇带的防护板。

（6）剩余的混凝土用来浇筑水沟预制盖板和后浇带预制盖板等小构件。

（7）垃圾分类处理，可回收材料中的木料、木板由胶合板厂、造纸厂回收再利用。

（8）废旧不可利用钢铁的回收：施工中收集的废钢材统一处理，送至专业回收单位回收再利用。

3.7 管片厂信息化建设

3.7.1 信息化建设概述

目前主流的管片厂虽然有完整的自动化生产系统，但缺乏基于物联网系统的数据自动上报、信息收集处置的生产管理系统。在生产过程中虽然可以完成主要的业务处理和生产过程管控，但核心业务管理环节主要是依靠人工管理，存在作业效率明显不高，管理成本较高，经营成本不可控，生产管理精益化程度不足等问题。

以上问题主要根源为信息共享不及时、协同作业效率低，辅助作业手段有限，业务衔接不畅，内外部协作困难造成，缺乏一个能够提供实时业务数据的系统支撑。

针对以上管片生产过程中存在的问题，在保证监管单位的要求情况下，做到最大限度地相互协同、信息共享、提质增效，向信息化、自动化、智能化的业务管理模式转型升级。从管片厂生产管理与质量监督的核心业务出发，利用新一代信息技术，采集管片全过程信息，构建“进度、质量、效率、协同、安全和绿色”的共享、开放、互联和智能的生产管理系统与质量监管系统，实现信息的共享、传递、统计和追溯，有效降低工作协同成本，提高生产效率，使管理模式由纸质转向数字、繁琐转向简单、被动转向主动、单一转向互动，为管片厂精细化管理提供重要的数据支撑。

3.7.2 建设目标

通过物联网、数字芯片、监测传感器、移动互联网等技术，从管片生产实际业务出发，全面把控管片生产全过程各环节的关键信息，实现管片厂信息化、网络化、数字化转型，构建管片生产单位的计划、原材料进场、混凝土生产、管片生产、分区堆放、管片发运全过程可追溯的闭环管理体系；实现“进度、质量、效率、协同、安全和绿色”的目标；实现信息的共享、传递、统计和追溯，有效降低工作协同成本，提高生产效率，使管理模式由纸质转向数字、繁琐转向简单、被动转向主动、单一转向互动，为管片厂精细化管理提供重要的数据支撑。

3.7.3 关键技术

1. 传感器技术

传感器是指能感受规定的被测量，并按照一定的规律转换成可用输出信号的器件或装置。

传感器作为信息获取的重要手段，与通信技术和计算机技术共同构成信息技术的三大支柱。

2. RFID 技术

RFID 标签也是一种传感器技术，是融合了无线射频技术和嵌入式技术于一体的综合技术，主要用于自动识别领域。

3.7.4 设备简介

1. 水温、pH 值传感器

每个水养池部署一套水温、pH 传感器，用于实现对水养池 pH 值的实时监控。设备部署于水养池侧边且不影响管片吊装的位置。水温、pH 值传感器采用 RS485 通信，数据汇集至现场无线终端设备，通过 4G 无线网络将数据实时上传至服务器；设备采用 12 V 直流供电，利用开关电源将现场 220 V 交流电转换为 12 V 直流电为设备供电。

2. RFID 芯片

RFID 芯片安装于模具下沿工字型槽钢内，芯片与模具一一绑定，实现模具自动化流转的实时监控。具体安装数量根据现场模具数量而定。

3. RFID 工业读写器

工业读写器安装于固定工序位置，用于识别模具所处的工序。根据现场情况，工业读写器分别安装于浇筑房前后和进出蒸养窑的位置。为了准确识别 RFID 芯片，需要保证工业读写器正前方无金属遮挡，且安装高度与芯片的安装高度基本一致，与芯片的距离也不宜过长，一般为 50 cm 以内。工业读写器采用 12 V 直流电供电，利用宽带网络将数据上传至服务器。

4. 温度传感器

温度传感器安装于蒸养窑内，用于对蒸养窑内部温度、湿度的实时监控。温度传感器配备液晶显示屏，可现场实时查看温度情况，采用 5 V 直流供电，数据传输方式为 4G 无线网络。

5. 振捣传感器

振捣传感器安装于浇筑台，通过采集浇筑台振动数据，实时监控模具的振捣时间、振捣频率等数据。振动传感器采用 RS485 通信，数据汇集至现场网络采集器，通过网络宽带将数据上传至服务器。设备采用 12 V 直流供电，利用开关电源将现场 220 V 交流电转换为 12 V 直流电为设备供电。

6. 车牌识别相机

车牌识别相机安装于地磅处，通过识别过磅车牌信息，与地磅采集终端采集的车牌进行匹配，自动将车辆进场照片上传至服务器。车牌识别相机安装应尽量避免被车辆撞到，同时安装距离不宜太远，通常小于 5 m。设备供电采用 220 V 交流的方式，利用有线网络的方式将数据上传至服务器。

3.7.5 系统总体设计

1. 系统架构

管片生产管理系统架构如图 3-25 所示。

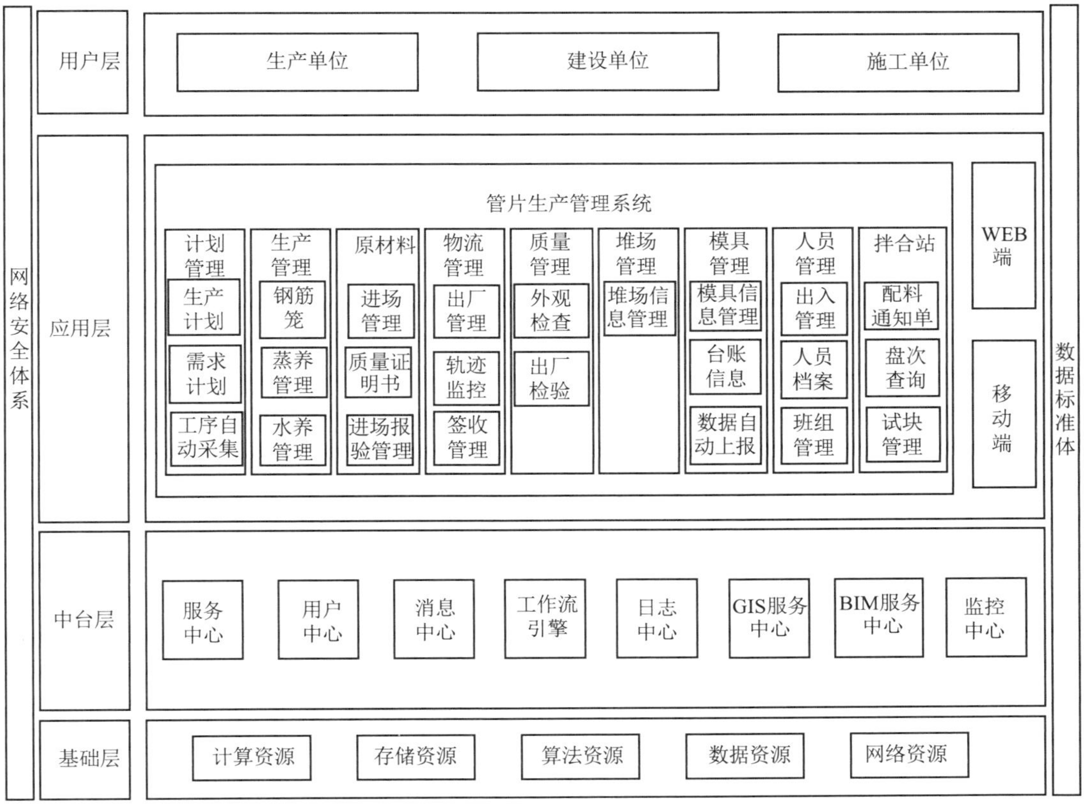

图 3-25 管片生产管理系统架构

2. 技术架构

管片生产管理系统技术结构如图 3-26 所示。

3. 数据架构

管片生产管理系统数据结构如图 3-27 所示。

4. 网络拓扑结构

管片生产管理系统网络拓扑结构如图 3-28 所示。

3.7.6 系统简介

1. 系统数据采集方案

管片生产管理系统数据采集方案如图 3-29 所示。

2. 系统组成

系统通过数据采集终端体系和系统应用体系，构建了包含计划管理、原材料管理、模具管理、拌和站管理、生产管理、堆场管理、发运管理、视频监控、人员管理九个方面主要功能。

(1)计划管理

通过多级、多标的计划统计，实时进度跟踪，解决进度联动性差、进度补救不及时、进度管理无依据等问题，实现生产进度可视、生产进度偏差可视、生产进度状况可视的目标。

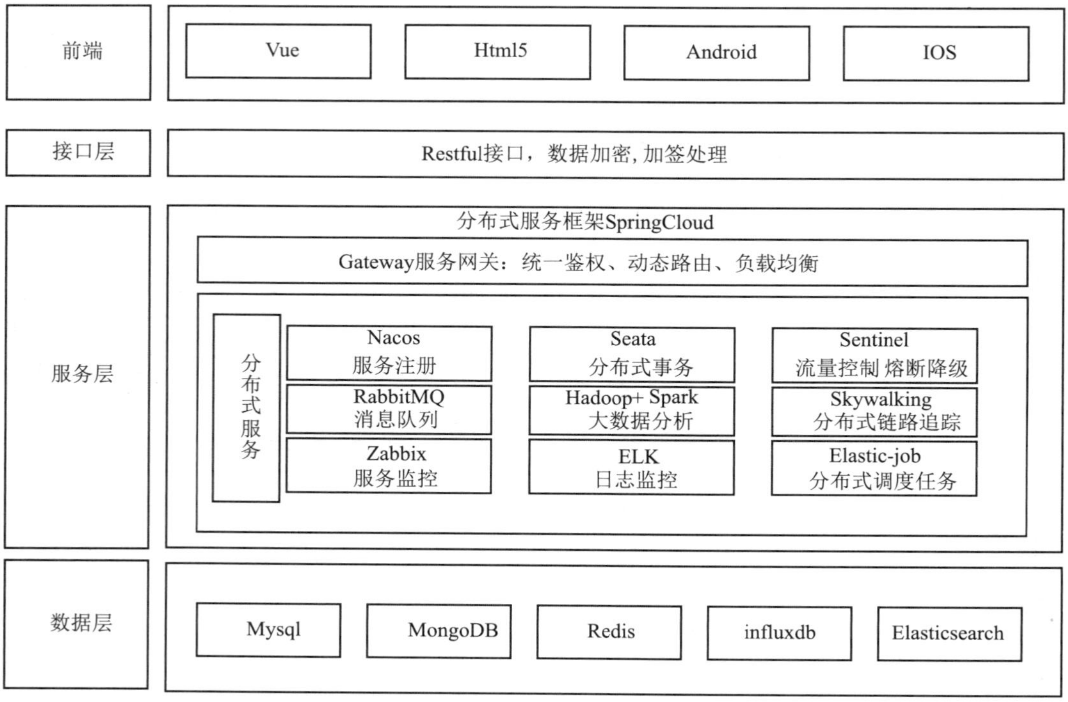

图 3-26　管片生产管理系统技术架构

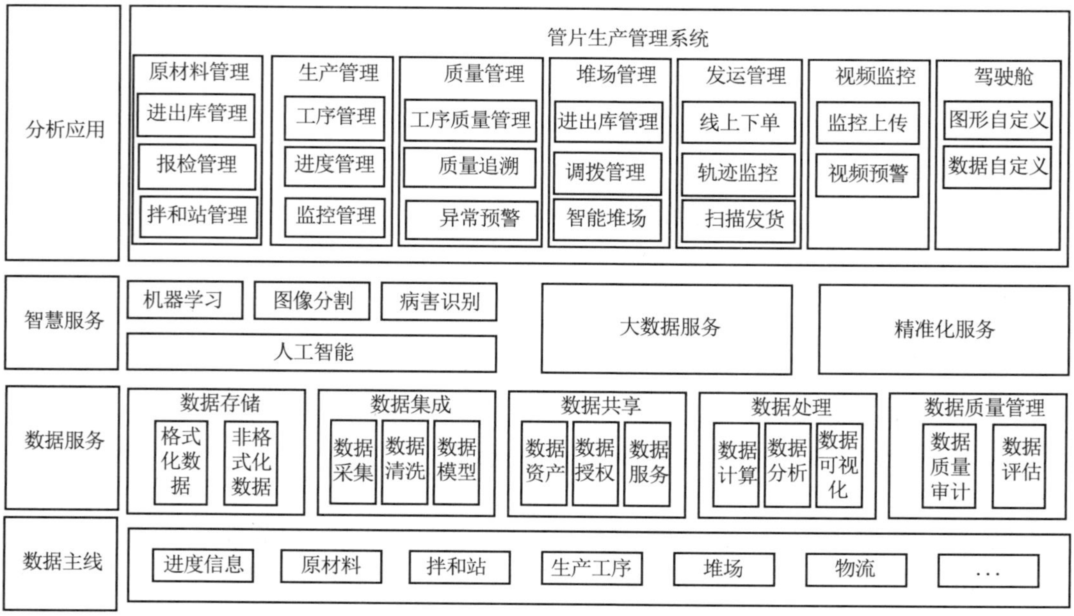

图 3-27　管片生产管理系统数据架构

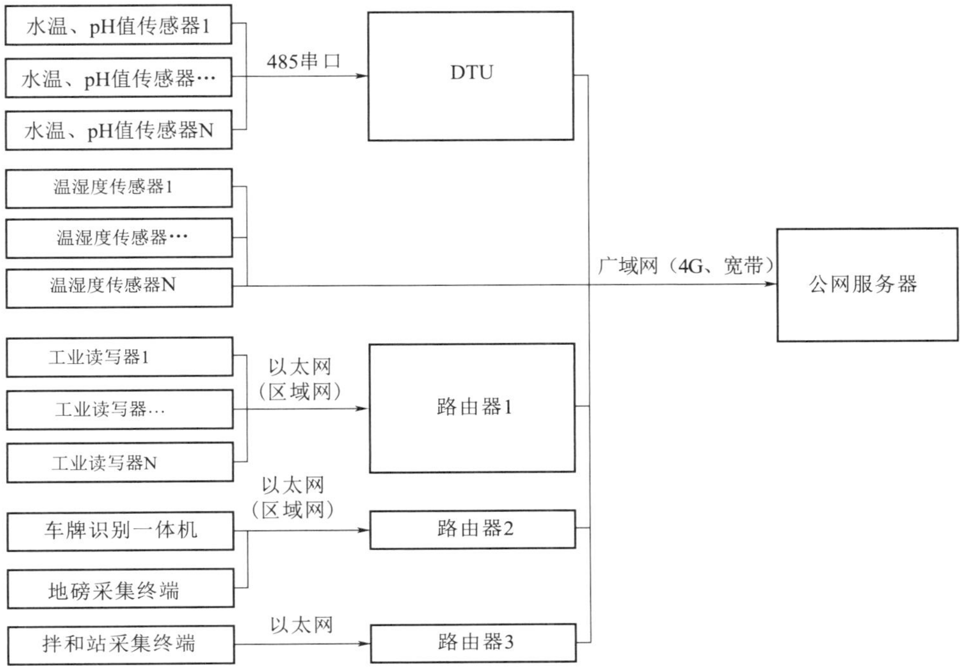

图 3-28 管片生产管理系统网络拓扑结构

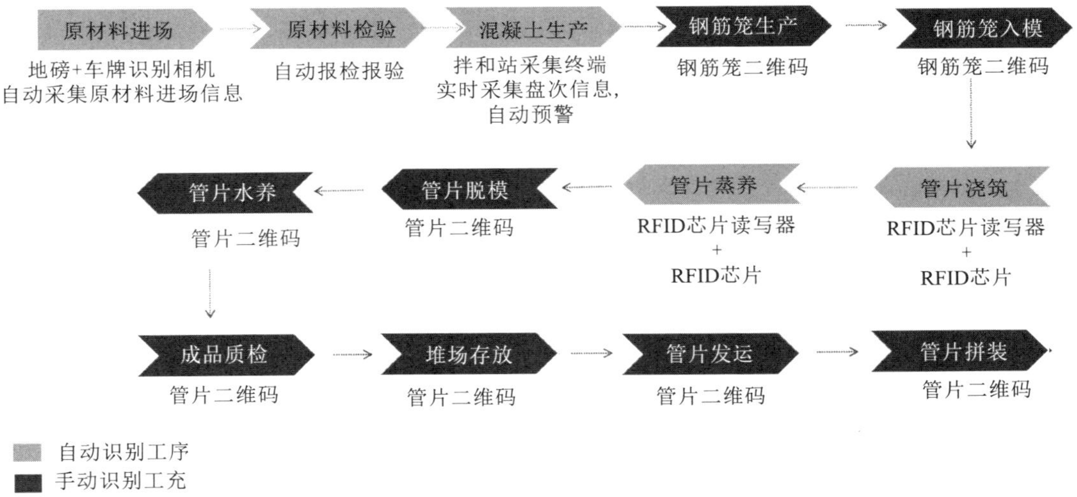

图 3-29 管片生产管理系统数据采集方案

(2)原材料管理

系统通过地磅采集终端、原材料进场信息、原材料检验信息，实现原材料数字化管理，达到原材料全过程质量可查、可控的管理目标，如图 3-30 所示。

(3)拌和站管理

实时统计管片厂盘次信息、试块信息、盘次报警信息。实时监测拌和站的各物料配合比，

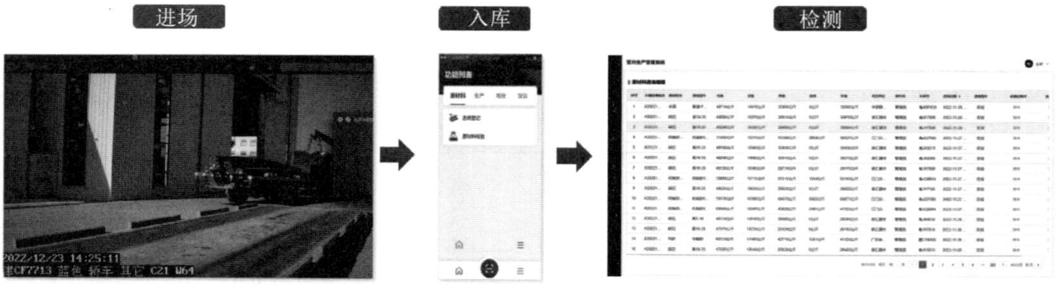

地磅采集终端+车牌识别一体机　　PDA系统完善进场信息　　检测详情统计分析

图 3-30　原材料管理

一旦超过报警规定值，自动报警，给相关的工作人员推送短信，对问题进行处置，如图 3-31 所示。

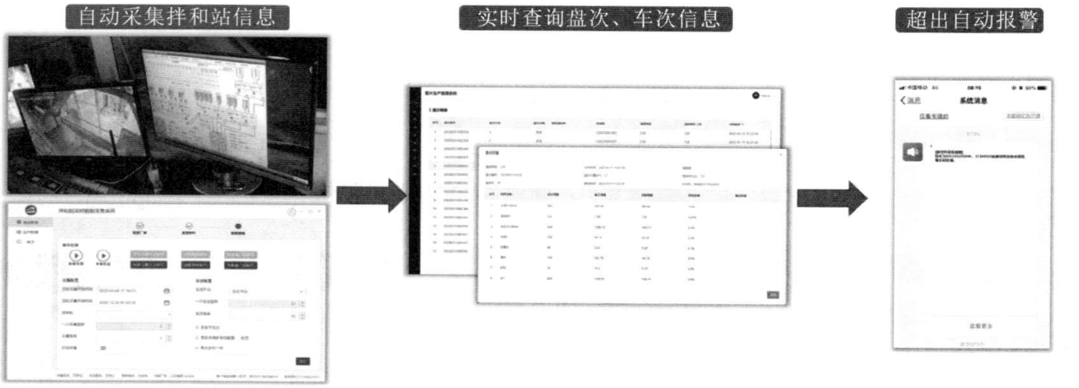

实时采集拌和站生产数据、盘次信息、配比信息、用量误差　　实时查询拌和站信息　　超出阈值自动推送报警信息至施工单位及驻场监理

图 3-31　拌和站管理

（4）生产管理

①钢筋笼生产管理

钢筋笼制作及验收：施工人员在钢筋笼制作完成后绑定二维码，再自检、验收通过，通过二维码形式进行数据管理、流转，如图 3-32 所示。

②隐蔽工程

入模及隐蔽工程验收：通过扫描钢筋笼二维码，操作人员选择模具编号，建立钢筋笼、模具的绑定关系，如图 3-33 所示。

③浇筑及振捣

每个模具安装电子芯片，浇筑处安装振动传感器，浇筑进出口安装工业读写器，自动记录每个管片开始浇筑时间、结束浇筑时间，系统自动生成浇筑记录及振捣曲线，如图 3-34 所示。

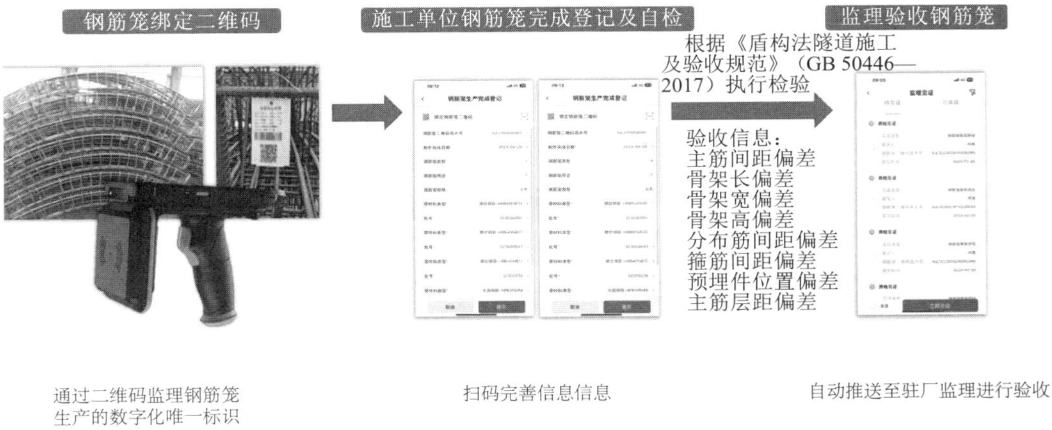

图 3-32　钢筋笼生产管理

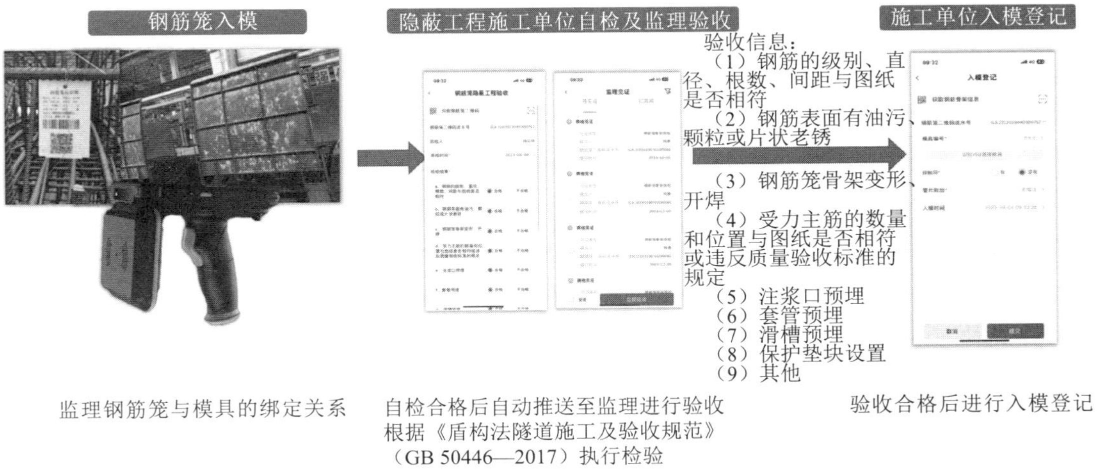

图 3-33　入模及隐蔽工程验收

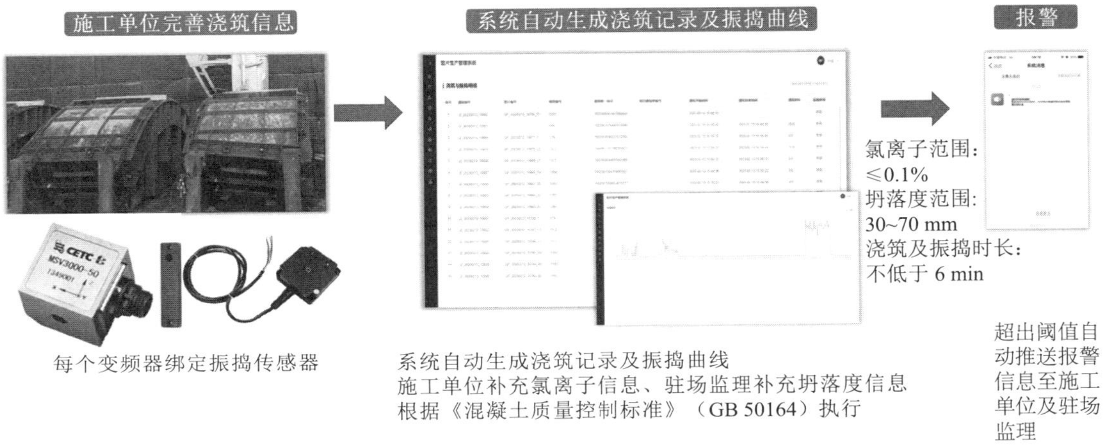

图 3-34　浇筑及振捣管理

④蒸养

每个蒸养窑绑定温、湿度传感器，蒸养进出口安装工业读写器，自动记录每个管片蒸养开始时间、蒸养结束时间，系统自动生成蒸养记录及蒸养曲线，超出温度阈值自动报警，如图 3-35 所示。

图 3-35　蒸养管理

⑤脱模及管片验收

为每个管片粘贴二维码，手持设备扫码绑定，施工单位扫码自检，监理单位扫码验收，如图 3-36 所示。

图 3-36　脱模及管片验收管理

⑥水养

扫描管片二维码，完善进出池信息，系统自动生成水养记录及水养曲线，pH 值超出阈值自动发出报警信息，如图 3-37 所示。

⑦管片厂质量管理人员或者监理扫描管片二维码，完善质量缺陷信息，自动推送至相关部门进行整改，整改后进行审核，直至形成闭环，如图 3-38 所示。

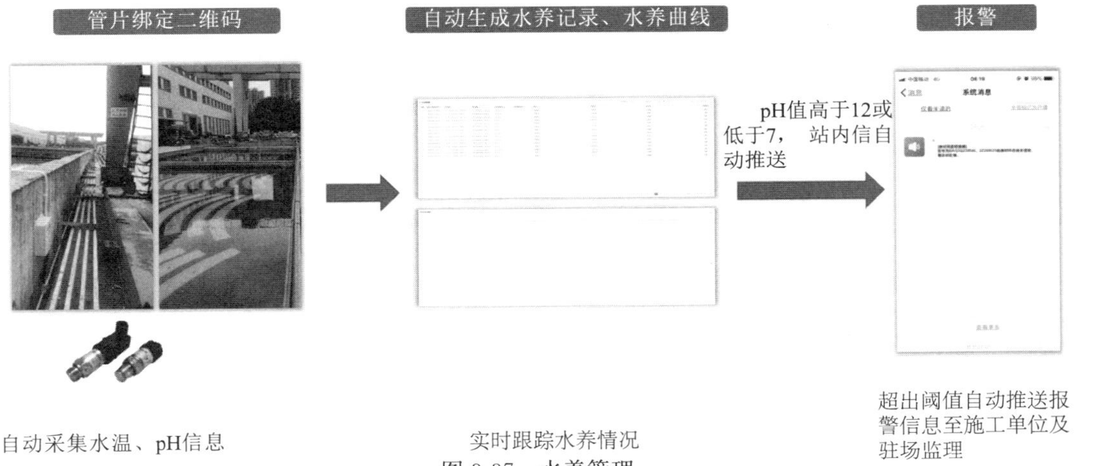

图 3-37　水养管理

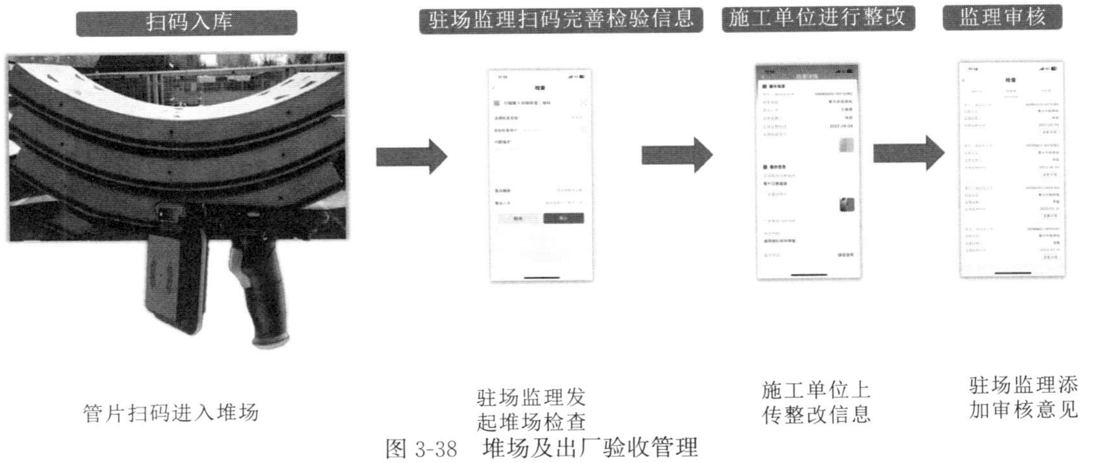

图 3-38　堆场及出厂验收管理

(5)视频监控

通过集成第三方监控平台，实时监控生产车间生产情况，提升平台系统集成程度，减少在各系统间切换操作，实现在一个平台上对管片生产的安全、质量进行监控，如图 3-39 所示。

(6)模具检验

根据《盾构法隧道施工及验收规范》(GB 50446—2017)，可查看模具台账、自动检测是否按照规定进行检测，检测频率不足的，系统发出预警，提醒人员进行模具检验，以保障模具符合生产规范，如图 3-40 所示。

3.7.7　实现目标

1. 降本增效

管片生产核心工艺环节过程数据实现自动化采集，大大减少人工参与，提高整体工作效

图 3-39　生产视频监控

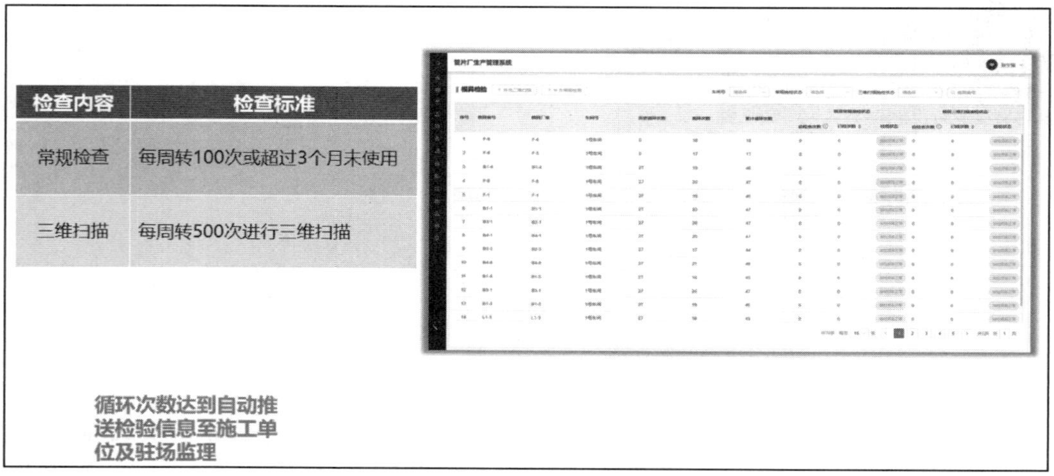

图 3-40　模具检验

率，满足降低成本与管片生产质量管理要求。

2. 工作办公协同

参建各方通过系统互通信息，打破信息壁垒，生成与检查信息实时反馈、数据互通，从而实现高效协作。

3. 生产质量可追溯

系统对管片生产全过程质量进行管控，包括从原材料进场到管片发运签收，做到系统有迹可循，提升质量监管水平。

4 管片生产组织

4.1 管片生产组织结构体系

4.1.1 组织结构

为了优质高效完成管片制作，一般应建立健全管片生产的组织机构，管片生产厂设置生产技术部、安全质检部、设备物资部、财务部、办公室。其中，安全质检部分管试验室、拌和站，设备物资部分管维修班、物资供应组，生产车间由生产技术部直接管辖领导。

管片生产厂组织机构如图 4-1 所示。

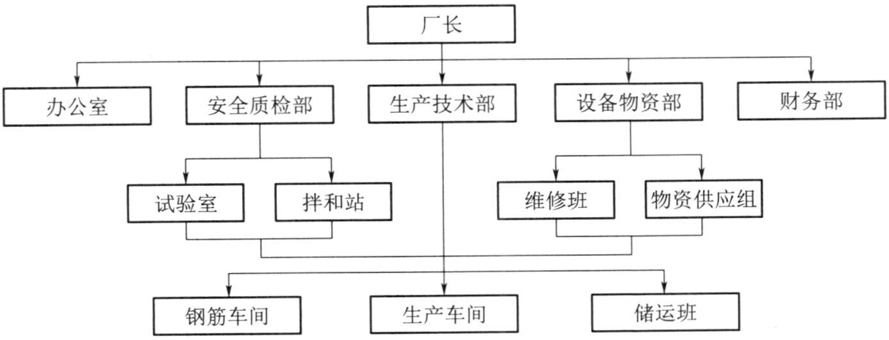

图 4-1 管片生产厂组织机构

4.1.2 管片生产质量管理体系

1. 质量管理小组

管片制作应制定质量管理体系，成立质量管理小组，对管片制作所用的材料、设备，技术和环境进行检查和监督，严格控制管片制作的每道工序，杜绝使用不合格材料，并在管片制作过程中严格管理，确保生产出优质管片。管片生产质量管理体系如图 4-2 所示。

2. 质量管理要求

在管片生产中，质量管理要严格依规进行标准化管理。目前，我国出台实行的管片生产

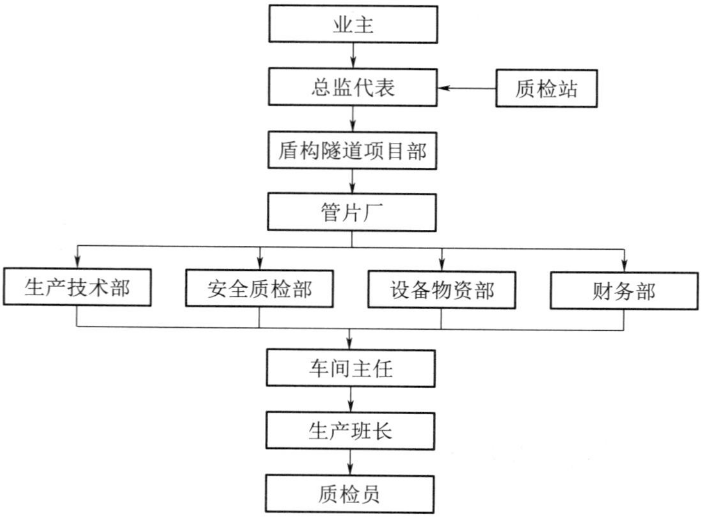

图 4-2　管片生产质量管理体系

质量标准规范见表 4-1。

表 4-1　我国管片生产质量相关标准规范

序号	规范编号	规范名称
1	GB 50204—2015	混凝土结构工程施工质量验收规范
2	GB/T 50299—2018	地下铁道工程施工质量验收标准
3	JGJ 18—2012	钢筋焊接及验收规范
4	GB/T 50107—2010	混凝土强度检验评定标准
5	GB 50164—2011	混凝土质量控制标准
6	JGJ 55—2011	普通混凝土配合比设计规程
7	JGJ 52—2006	普通混凝土用砂、石质量标准及检验方法标准
8	GB 50119—2013	混凝土外加剂应用技术规范
9	JGJ 63—2006	混凝土拌和用水标准
10	GB/T 50146—2014	粉煤灰混凝土应用技术规范
11	GB 1499.2—2024	钢筋混凝土用钢　第 2 部分:热轧带肋钢筋
12	GB 1499.1—2024	钢筋混凝土用钢　第 2 部分:热轧光圆钢筋

4.2　主要原材料及标准

4.2.1　盾构管片生产的主要原材料

(1)水泥:宜采用强度等级不低于 42.5 的硅酸盐水泥、普通硅酸盐水泥。

(2)集料:细集料宜采用中砂,细度模数为 2.3～3.0,含泥量不应大于 2%,粗集料宜采用碎石或卵石,其最大粒径不宜大于 30 mm。

(3)混凝土外加剂:应符合《混凝土外加剂》(GB 8076—2008)的规定,严禁使用氯盐类外加剂或其他对钢筋有腐蚀作用的外加剂。混凝土外加剂的应用应符合《混凝土外加剂应用技术规范》(GB 50119—2013)的规定。

(4)钢筋:直径大于 10 mm 时应采用热轧螺纹钢筋,其性能应符合《钢筋混凝土用钢 第 2 部分:热轧带肋钢筋》(GB 1499.2—2024)的规定;直径小于或等于 10 mm 时应采用低碳钢热轧圆盘条,其性能应符合《低碳钢热轧圆盘条》(GB/T 701—2008)的规定。钢筋弯曲成型后不得出现裂纹、鳞落及撕裂现象。钢筋焊接前须消除焊接部位的铁锈、水锈和油污等,钢筋端部的扭曲处应矫直或切除。施焊后焊缝表面应平整,不得有烧伤、裂纹等缺陷。

(5)钢纤维:应符合《粉末冶金摩擦材料化学分析方法》(JB/T 3064—2011)的规定,并应进行相关钢纤维混凝土耐久性试验。

(6)混凝土:原材料计量水泥、水、外加剂、掺合料偏差:≤1%,粗细集料偏差:≤2%。混凝土应搅拌均匀,色泽一致,和易性良好。应在搅拌或浇筑地点检测坍落度,应逐盘目测检查混凝土黏聚性和保水性。

4.2.2 盾构管片生产标准

管片生产所用水泥、砂石料、钢材,外加剂等原料按有关规范和标准进行采购、保存、检验,并需业主和监理工程师的认可和批准,且必须附有生产厂家的产品质量保证书。

一般选用普通硅酸盐水泥。砂、碎石应符合规范要求并符合下列要求:

(1)砂在 2. 36 mm 筛中的空壳筛余率不超过 3%;

(2)粉细物质含量(黏土、粉沙、尘埃)按重量计不超过 2%;

(3)按规范测得的砂、碎石的含水率应不超过 2%;

(4)碎石的压碎性指标不应超过 30%,骨料最大标称尺寸应不超过 25 mm。

采用清洁的不含有害物质且符合规范要求的用水,水灰比一般不得超过 0.40。

钢筋表面应清洁,不得有易脱落的锈皮、油漆等污垢;钢筋必须顺直,调直后表面的伤痕及锈蚀不应使钢筋截面积减少。钢筋笼架接头焊缝高度不小于 $0.3d$(d 为钢筋直径),宽度小于 $0.7d$,搭接长度双面焊应大于 $5d$,单面焊应大于 $10d$。

4.3 管片生产工序及技术要点

4.3.1 钢筋笼的制作

1. 工艺流程

钢筋原材料检验→调直→断料→弯弧、弯曲(图 4-3)→部件检查→部件焊接→钢筋骨架成型焊接(图 4-4)→钢筋笼检验。

图 4-3　钢筋弯曲机

图 4-4　钢筋骨架焊接成型

2. 工序控制

(1)材料进场检验

钢筋进场时应有出厂质量证明书(试验报告单),进场后按炉罐(批)号及直径分批堆放,分批查对标牌。

每盘盘条必须由一整根盘成。盘条表面不得有裂缝、折叠、结疤、耳子、分层及夹杂,允许有压痕及局部的凸块、凹坑、划痕、麻面,但其深度和高度不得大于 0.2 mm。

月牙肋钢筋表面不得有肉眼可见的裂缝、结疤和折叠。钢筋表面允许有凸块,但不得超过横肋的高度。钢筋表面不得沾有油污及其他杂物。

钢筋的大量除锈通过钢筋冷拉或钢筋调直机调直过程完成,少量的钢筋除锈可采用电动除锈机或喷砂方法完成,钢筋局部除锈可采取人工用钢丝刷或砂轮完成。

(2)调直及断料

利用钢筋调直切断机对盘条进行调直,对月牙肋钢筋的局部曲折、弯曲可采用弯曲机,平直锤或人工锤击矫直。

断料前应由 2 人以上配合,轻吊轻放,将钢筋原材料放置在承料架上,承载量不得大于 3 t。下料根据配料表及生产任务单进行切断。

每次断料前必须对机器刀片及刀口位置进行检查,每种型号规格的钢筋经过检测无误后进行批量下料。

切断后的材料必须按规格整齐堆放在指定位置,并由运输小车送到下一道工序。每日班后必须对调直机、切断机进行清洁、保养。

(3)弯弧、弯曲

根据弯弧、弯曲钢筋的规格调整从动轮的位置及芯轴的直径。根据配料表对钢筋进行试弯,并与标准样校核合格后,再进行弯弧、弯曲操作。弯弧前必须检查设备完好状况,发现异常及时修理。弯弧操作进料时必须轻送,出料口操作者用双手往靠身处压送。弯曲前操作者需检查芯轴挡块、转盘有无损坏及裂纹,将防护罩紧固可靠经运转确认正常后,方可作业。弯曲操作时严禁超过本机规定的钢筋直径、根数及额定转速工作,弯曲后钢筋先放在运料小车上,送到半成品堆放区指定位置。操作完毕后切断电源,进行机器清洁、保养工作,严格执行弯弧机、弯曲机的操作规程。加工钢筋允许偏差见表 4-2。

表 4-2 加工钢筋允许偏差(mm)

项　目	允许偏差
受力钢筋长度	±10
弯起钢筋的弯折位置	±20
箍筋部位长度	5

(4)部件焊接

根据钢筋配料表对横向矩形箍筋进行焊接,焊接在成型架上进行,焊机电流不得超过额定电流,以免出现烧伤现象。按照图纸规定的焊点焊接。焊接时必须将部件放平,焊牢,严禁出现扭曲现象。

(5)钢筋骨架成型焊接

钢筋骨架成型在符合设计要求的钢筋笼成型胎模(图 4-5、图 4-6)或焊台(图 4-7、图 4-8)上进行制作。一般中大型管片采用胎模,小型管片采用焊台。

图 4-5 钢筋笼成型胎模

图 4-6 钢筋骨架吊至水平地面上

图 4-7 钢筋笼成型焊台

图 4-8 在焊台上制作钢筋骨架

焊接前必须对部件检查,合格后摆放到胎模上的指定位置。各部件安放后,经测量调整和检验各项尺寸均符合要求,才可进行焊接工作。焊接时焊点的位置要准确,不得漏焊,焊口要牢固,焊缝表面不允许有气孔及夹渣。

焊接顺序：先焊牢端部有定位挡板一端的上下主筋，再摆正另一端焊牢连接点位。主筋与箍筋应从中间位置依次分别向两端进行焊接。端部构造附筋按图纸等间距点焊。

焊接以牢固而不伤主筋为标准，凡焊接烧伤主筋 1 mm 以上均为不合格。焊接时，采用 CO_2 气体保护焊机根据操作规程进行施焊。焊后氧化皮及焊渣必须及时清除干净，保证焊接质量。焊接成型后的钢筋骨架吊离胎模，放在水平地面上，由专职检测人员测量其弧长、拱高、扭曲度、主副筋间距等项目尺寸均合格后，挂上绿色标识牌，填写记录，以便于发生不合格时，追溯焊接者退回返修，直至合格为止。再用四点吊钩将钢筋骨架吊至指定区域堆放整齐。钢筋骨架制作允许偏差值见表 4-3。

表 4-3 钢筋骨架制作允许偏差(mm)

项　目	允许偏差	项　目	允许偏差
主筋间距	±10	分布筋间距	±5
箍筋间距	±10	骨架长、宽、高	−10～+5

4.3.2 管片生产

4.3.2.1 工艺流程

模具组装→模具调校→钢筋骨架入模及预埋件安装→混凝土浇筑成型→蒸汽养护→脱模→成品检验、修补及标识→运至水池养护，如图如 4-9 所示。

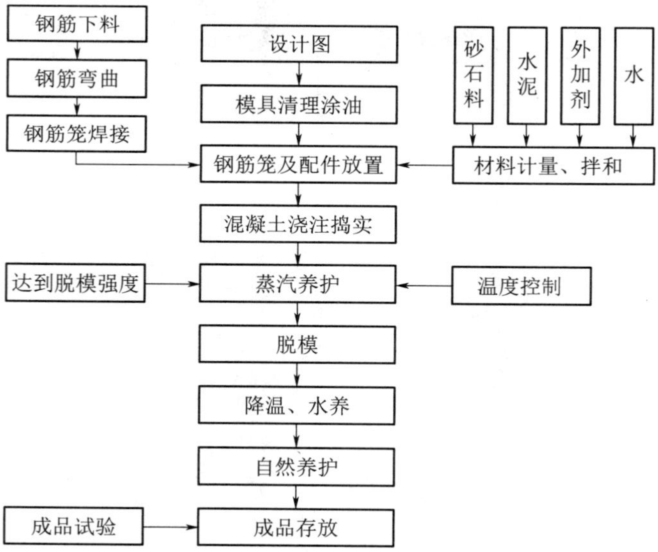

图 4-9 管片生产工艺流程

4.3.2.2 工序质量控制

1. 模具选用、组装、检验要求

(1)模具必须选用制作精密耐用的钢模，每套钢模必须保证能周转生产 1 000 次不变形。

(2)模具验收：在模具投用前必须对模具的尺寸进行严密的复检，确认无问题再进行试生产。试生产三环后，进行三环试拼装从而通过三环试拼装来进一步检验模具的精密度是否达到要求，严格按规范要求进行验收检验，钢模宽度及弧弦长允许偏差控制在±0.40 mm以内。试生产后的钢模精度同实物精度对比检测及管片三环水平试拼装(错缝混拼)精度的综合检测。各项检测指标均在标准的允许偏差内，经监理工程师确认和批准后，方可投入正常生产。

(3)模具的清洁：

①组模前必须认真清理模具，把模具上的混凝土残物全部清除掉，清洁后的模具内表面任何部位都不得有积残物。

②模具内表面使用抹布和海绵清理，严禁用铁器等硬物清刮。

③混凝土积残物清理后应由专人用高压空气喷射管把全部微粒杂物吹掉。

(4)喷涂脱模剂：

①喷涂脱模剂必须定人负责喷涂。

②在喷涂前必须检查一遍模内是否有积残物，如有应先清除后再喷涂。

③先使用雾状喷雾器喷涂，然后用抹布抹匀，如两端底部有积液应用棉纱清理干净。

(5)组模：

①组模前应检查模具各部件是否清洁，脱模剂是否均匀抹到位，不足的地方要补抹，积液的地方要吸除。

②合模时要严格按照模板安装顺序进行组合，严禁反顺序违规操作。

③模板合拢后严格按模板设定点的尺寸用内径千分尺对每块模板进行三点检验校核，所测数据必须记录于模板检测表内。发现有误差时要及时调整组模螺栓。如调整不到位，及时与管模厂联系并进行整改，经复检合格后方可组织生产。

(6)钢模呈左(右)曲形，其宽度均为变值，故要求钢模上有不被磨损的测点标识和相对应的宽度值。钢模检测值应及时、准确、清晰地填写在钢模检测记录表中，确保记录的有效性和可追溯性。

2. 工序控制

(1)模具组装

将端模板向内轻轻推进就位，用手旋紧定位螺栓，使用端模推上螺栓将端模推至吻合标志，把端模板与侧模板联结螺栓装上，用手初步拧紧后用专用工具均衡用力拧至半固，特别注意应严格使吻合标志完全对正位，并拧紧螺栓，不得用力过猛。

把侧模板与底模板的固定螺栓装上，用手拧紧后再用专用工具从中间位置向两端顺序拧紧，严禁反序操作，以免导致模具变形。

(2)模具调校

组装好模具后，由专职模具检测人员对其宽度、弧长、手孔位进行测量，不合格及时调校，必须达到模具限定偏差范围，以保证成品精度。检测方法为：利用0～1 800 mm量程的内径千分尺检测钢模的宽度，偏差为$^{+0.2}_{-0.4}$ mm；利用0～5 m量程的钢卷尺检测钢模底板的弧长，偏差为±1 mm。

必须注意，检测宽度时，内径千分尺的测头必须在指定检测点方能进行。检测弧长时，钢卷尺必须紧密贴附在钢模底板上，且对准钢模的边线。在模具投入生产后，每天必须对产品进行宽度、对角线的测量。如发现尺寸有超差，马上对钢模进行检测。

钢模橡胶止水条属易损件，应每天检查并有足够的备用件。检查方法：每个工作日由组模人员目视检查，如有破损现象，立即调换新的止水条，避免因止水条破损而引起漏浆。

(3)钢筋骨架入模及预埋件安装

由专人按模具的型号规格将钢筋骨架、预埋件、螺旋构造钢筋、弯曲螺栓分别摆放在模具指定位置。

检查钢筋骨架是否具备绿色标识牌，然后安装保护层垫块。垫块根据不同部位分别选用齿轮形和支架形。支架形用于底部，按设计要求进行设置，无特别要求时，一般每块管片对称设垫 6 只(封顶块对称设垫 4 只)。齿轮形用于侧面，按设计要求进行设置，无特别要求时，一般每块管片两侧面设垫 6 只(封顶块设垫 4 只)，端面每块两侧设垫均为 4 只。

用四点吊钩将合格的钢筋骨架按模具规格对号入模。起吊过程必须平稳，不得使钢筋骨架与模具发生碰撞。

安放预埋管时，先将管套上螺旋钢筋，将螺杆插入模具后进入预埋管管内，对准手孔座孔位处事先安放的垫圈，固定螺杆。

螺杆头部必须全部插入到手孔座的模孔内，防止连接不紧出现缝隙造成漏浆现象。

由专人检查各附件是否按要求安放齐全、牢固，不符合要求必须进行修正。

检查钢筋骨架保护层垫块是否安放正确，保证主筋保护层为 50 mm，侧面箍筋保护层为 25 mm。

对手孔垫圈销固脚与钢筋骨架进行焊接，焊口要牢固。如附件、附筋与骨架碰不上，可加焊短钢筋连接，焊接时要用特殊纸皮承接掉落的焊渣，以免烫伤模具内表面，降低光洁度。

(4)混凝土浇注振捣

定期检验混凝土拌和站上料系统和搅拌系统电子计量系统，保证机器运行精度。由试验工程师负责检查混凝土的搅拌质量，坍落度一般控制在 70～90 mm 为宜。

管片模具为附着式振动方式，为确保振捣质量，采取边浇注边振捣的施工方法。

混凝土浇注采用分三层下料方式可减少表面气泡。第一次浇入模具端部凹凸槽位置，约厚度 2/5 处，打开中间振动器振动 1 min 左右；第二次浇入模具端部止水带位置，约厚度 4/5 处，打开所有振动器振动 1 min 左右；再将混凝土全部浇入振动 3～4 min，关掉所有振动开关。实际操作时，振动时间根据混凝土的流动性掌握，目视混凝土不再下沉或出现气泡冒出为止。

振捣过程中须观察模具各紧固螺栓、螺杆以及其他预埋件的情况，发生变形或移位，立即停止浇注、振捣，尽快在已浇注混凝土凝结前修整好。

(5)混凝土抹面

打开顶板的时间一般在混凝土浇筑后 45 min 左右，具体时间随气温及混凝土凝结情况而定。打开顶板时注意插牢顶板插销，以防顶板落下伤人。

粗抹面：使用铝合金压尺，刮平去掉多余混凝土(或填补凹陷处)，使混凝土表面平顺。

中抹面：待混凝土表面收水后使用灰匙进行光面，使管片表面平整光滑。

精抹面：以手指轻按混凝土有微平凹痕时，用长匙精工抹平，力求表面光亮无灰匙印。

在混凝土浇筑完 1 h 左右拔出螺杆并及时清洗干净，涂抹黄油后放在模具的指定位置。

(6)蒸汽养护

蒸汽养护能提高混凝土脱模强度，缩短养护时间，加快模具周转。养护分两班进行，每班 12 h，设专人负责。

混凝土初凝后合上顶板（不用拧紧螺栓），在模具外围罩上一个紧密不透气的帆布罩，进行蒸汽养护。

顶板作为支架支承帆布罩，不能与混凝土表面接触，应有 10～15 cm 的距离，让蒸汽在此空间流动，帆布罩应紧贴地面，压上重物，以免蒸汽逸出。

混凝土浇筑完成后静置约 2 h，加盖养护罩，引入饱和蒸汽进行养护，升温时间控制在 2～3 h。为防止温度升高过快造成混凝土膨胀损害内部结构，在自然温度下，每 1 h 升温 10 ℃～15 ℃，不得超过 20 ℃。恒温阶段一般在 1.5 h 左右。蒸汽养护温度为 50 ℃～60 ℃，最高不超过 60 ℃。降温时间必须控制在 1.5 h 以上，到达规定的蒸养时间后关上供汽阀，部分掀开帆布罩（图 4-10），让模具和混凝土自然冷却 1 h 后，再全部揭开帆布罩，0.5 h 后开始脱模。

图 4-10　进行蒸汽养护的帆布

蒸汽养护参数见表 4-4，管片出模后要加强水养护，以提高混凝土后期强度。

(7)脱模

混凝土降温后将混凝土试块送试验室进行试压。强度达到 15 MPa 以上时，接试验室通知后开始脱模。

表 4-4　管片蒸汽养护参数

项　目	参　数	项　目	参　数
管片静停时间	2 h	恒温时间	1.5 h(根据季节温度而定)
升温梯度	10～15 ℃	降温梯度	≤10 ℃/h
蒸汽养护最高温度	≤60 ℃	脱模时与外界温差	≤20 ℃

脱模顺序：松开注浆孔固定螺杆→打开模具侧模板→打开模具端板→用吊具连接管片→振动脱模。

脱模必须使用专用吊具，将吊具吸盘固定在管片的指定位置，由专人向门吊司机发出起吊信号，1人稍微开启中间振动阀，使管片与模具脱离，将管片吊至翻片机上进行90°翻转，再用专用吊具将侧立的管片吊至平板车上。脱模过程中严禁锤打、敲击。

(8)成品检验及修补，标识

①成品尺寸检验

用大于管片宽度量程的游标卡尺测量管片的宽度，大于管片厚度量程的游标卡尺测量管片的厚度，用5 m规格的钢卷尺测量管片弧长，用直径为1 mm、长度为7 m的尼龙线对扭曲变形情况进行检验。管片成品质量检验标准见表4-5。

表4-5 管片成品质量标准(mm)

序号	内容		检测要求	允许偏差
1	外形尺寸	宽度	测三点	±1
		弦长、弧长	测三点	±1
		厚度	测三点	−1～+3
2	混凝土强度			≥设计强度
3	混凝土抗渗性			≥设计强度

每块管片都进行外观质量检验，管片表面应光洁平整，无蜂窝、露筋，无裂纹、缺角，轻微缺陷进行修饰。止水带附近不允许有缺陷，注浆孔应完整，无水泥浆等杂物。

②产品修补

深度大于2 mm、直径大于3 mm的气泡、水泡孔和宽度不大于0.2 mm的表面干缩裂缝用胶黏液与水按1∶1～1∶4的比例稀释，再掺入适量的水泥和细砂填补，研磨表面，达到光洁平整。

破损深度不大于20 mm、宽度不大于10 mm，用环氧树脂砂浆修补，再用强力胶水泥砂浆表面填补研磨处理。

③合格管片标识

标识内容：产品型号、产品型号的生产累积号、产品生产日期。

标识位置：内弧面右上角，正对内弧面的右上侧端面。

管片成品质量标准见表4-6。管片标识如图4-11所示。

管片最终检验由质量监督员负责，车间质检员发现产品质量问题向安质部报告，不合格产品及时标识和隔离，所有产品检验数据应填表记录。

表4-6 管片成品质量标准

型　号	标志	封顶块标志	邻接块标志	标志块标志
标准块	T	KT	BT CT	A1T、A2T…
左转弯环	L	KL	B1L B2L	A1L、A2L…
右转弯环	R	KR	B1R B2R	A1R、A2R…

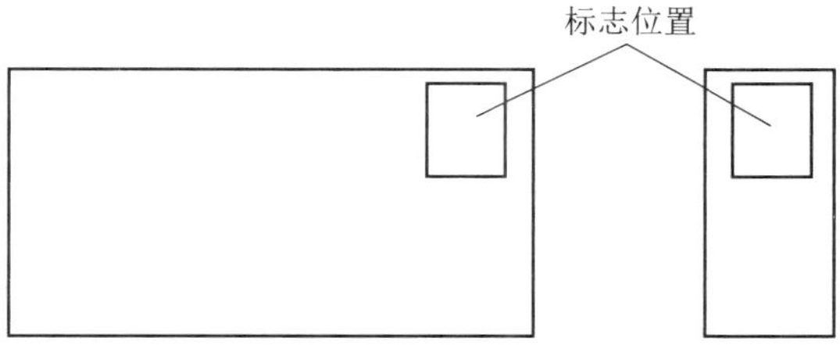

标识内容：管片型号
本型号累计生产数
生产日期：__年__月__日

图 4-11 管片标识

4.4 生产技术要求

4.4.1 钢筋制作及安装

(1)钢筋翻样表要明确标出规格、下料长度、外形尺寸的详图、数量和重量等各项，并准备好准确的样棒和校核基模，以保证在断料、弯曲及弯弧成型过程中快速抽检。

(2)根据配料单进行断料备料，并分类堆放整齐。

(3)钢筋弯曲弯弧作业时要确保钢筋平稳防止产生平面翘曲。

(4)断料、弯曲、弯弧成型的钢筋偏差应控制在规定的范围内，超标的必须予以整改或报废。成型后的半成品应分类存放在专用料架上，挂牌标识规格和状态。

(5)根据各类半成品的精度，配备相应高精度的钢胎模，确保半成品钢筋在骨架组装过程精度的要求。

(6)钢筋骨架在组装成型过程中均采用 CO_2 保护焊，焊接操作工均应经过培训，考核合格凭证上岗。

(7)钢筋骨架须焊接成型，焊缝长度、高度必须符合要求。

(8)按照设计规定的要求对总装完成的钢筋骨架严格进行质量检查，主要内容包括：外观、焊接和精度(偏差)三个方面，并记录在表，确保记录的有效性和可追溯性。检查合格确认后，挂牌标识进入成品堆放区待用。

(9)钢筋成品堆放和运输：

①钢筋骨架成品呈拱形分类整齐挂牌标识堆放在指定区域内待用。堆放高度不允许超过三层叠放的规定高度或根据业主指令侧立堆放，堆放不允许超过二层。

②钢筋骨架吊运采用横担式专用吊具，确保骨架在吊运过程中不产生变形。

③钢筋骨架采用专用手推支架车水平运输至管片车间，以确保钢筋骨架运输的速度能满足管片制作的需要。

(10)钢筋笼入模：

①入模前核对钢筋笼与模板型号，做到一一对应，准确无误方可入模。保护层垫块选用卡式支架形，用于内弧底部，邻接块、标准块对称设垫 6 只、封顶块底部对称设垫 4 只。保护

层垫块设垫位置正确、布设均匀。

②钢筋骨架入模应保持位置正确，骨架任何部分不得同钢模、模芯等接触，并应有规定的间隙。

③检查钢筋笼上的塑料套管是否预埋好，位置是否正确。入模工序全部完成后，必须经工程师检查确认后，方能进行混凝土浇筑工序。

4.4.2 混凝土供料和运输

(1)管片混凝土由专用拌和站供应。上料系统、搅拌系统及试验室等辅助设施均应进行零点纠核，保证计量准确，满足管片制作的要求。

(2)根据当日混凝土配比单，调整好称量、计量系统。称量、计量系统应定期校核，确保称量、计量偏差控制在允许偏差之内，使上料计量系统始终在受控状态下工作。材料允许偏差：水、水泥、外加剂、掺合料±1%，砂、石料±2%。

(3)混凝土搅拌充分、均匀，搅拌时间 120 s。现场测试混凝土坍落度允许偏差限值±10 mm。严禁有离析现象，每模混凝土保证供应，连续作业。

(4)混凝土试块留置每班浇捣不少于 3 组。其中 2 组进标养室标养，做 28 d 强度试验(其中有 1 组备用)；另 1 组与管片同条件养护，作为起吊强度检测的试块。

(5)拌制符合要求的混凝土倒入专用 1 m^3 储料斗内，由桥行或轨道运输到管片浇捣区，经行车垂直提升运到浇筑位置，下料入模。

(6)混凝土熟料必须逐步入模，不得一次入模堆积在模板内，防止阻碍空气排出。

4.4.3 混凝土管片的布料、振捣、成型及收光

(1)混凝土布料根据钢模形式和振捣工艺确定，布料速度应同振动效果相匹配，尤其是在钢模内混凝土即将布满时，更要控制布料速度，防止混凝土溢出钢模外。盖板压封前必须清除钢模边缘上混凝土和残浆，确保盖板压密压紧。

(2)振捣是管片成型质量的关键工序。振动时间、混凝土坍落度、布料速度和振动器的效率等构成振捣效果的四大要素。因此在管片正式生产前，必须经过模拟试验和试生产来确定有关制作参数。

(3)防水混凝土必须采用振捣器振捣，振捣要保证以混凝土开始泛浆和不冒气泡为准。

(4)振捣器振捣时的移动间距，插入式不宜大于作业半径一倍，插入下层混凝土深度不应小于 5 cm，振捣时不得碰撞钢筋、模板及埋件等，表面振捣器应与已振捣混凝土搭接 10 cm 以上。

(5)防水混凝土每层灌注厚度：插入式振捣器不应大于 30 cm。

(6)在混凝土初凝前应松动钢模侧面和端面螺栓孔芯棒，严禁向外抽动。当混凝土初凝后，对芯棒再次松动，直到混凝土达到自立强度后方可拆下螺栓孔芯棒(混凝土自立强度一般根据气温凭经验控制芯棒的间隔时间)。

(7)混凝土浇捣完毕后必须进行多次抹面压光，以增强混凝土的密实度，提高混凝土的抗渗能力。混凝土收光分为三个阶段：粗抹、中抹、细抹。

粗抹：混凝土浇捣完毕后即进行表面粗光工作，首先用钢板尺刮去多余熟料（或填补凹陷），由2人多次来回拉动钢板尺进行粗磨、提浆。

中抹：待混凝土收水后，由粉刷工用铁板多次对管片弧面进行光面抹压，使管片弧面平整光滑。

细抹：待混凝土接近初凝时，再用抹灰铁板进行精工抹压，力求弧面光滑光亮。

(8)待混凝土全部初凝后，盖上塑料薄膜，再罩上蒸养罩静养2 h。

4.4.4 管片的蒸养、脱模及水养

(1)管片静养2 h后转入蒸养保养阶段，由蒸养工负责先测出每个模具罩内的初始温度，并记录在相应的测温记录表格内，然后打开蒸气管道阀门，对每一个管模进行送气。

(2)送气规则严格按照升温、恒温、降温三个阶段进行。升温严格控制在15 ℃/h以内，恒温严格控制在60 ℃以内并保持2 h，降温也控制在15 ℃/h以内。

(3)待管片养护时间达到后，必须以同条件的养护试块强度达到25 MPa，由质检员发出起吊脱模通知单后，方可脱模。脱模注意事项如下：

①管片脱模要用吸盘起吊，二人对称操作，平稳起吊，不允许单侧或强行起吊，起吊时吊具和钢丝绳必须保持垂直。

②起吊的管片应在专用翻身架转向，呈侧立状态。

③管片翻身转向后应拆除手孔的活络模芯及其他附件，并清除管片外露埋件表面的砂浆，拆除时应按规定进行，不得硬撬硬敲，以防止损坏活络模芯、附件及管片。拆下的芯棒和其他附件应及时清理保养。

④翻身架与管片接触部位必须有柔性材料予以保护。

⑤管片在内弧面醒目处应注明管片型号、生产日期和钢模编号。

⑥在脱模或吊运过程中发生管片混凝土缺角掉边等损伤应用丁苯乳胶混合浆修补剂进行修补，密封垫沟槽两侧、底面的大气泡应用丁苯乳胶黏结剂加水泥腻子压实填平，并经监理工程师认可后方可出厂。

⑦管片脱模转向后吊运至养护水池进行14 d水养护，管片应全部浸没在水中，注意管片自身温度与水温相差不得大于20 ℃。

4.4.5 管片的试验

(1)按规范要求每生产200环必须进行一组三环试拼装试验。在已生产好的管片中任抽三环进行三环水平错缝拼装，管片拼装时在拼装台上先就位底部管片，然后自下向上左右交叉安装，每环相邻管片应均布摆匀，并保证环面平整度和封口尺寸，最后插入封顶块，再检验纵缝、环缝是否合格，合格后方可继续生产。

(2)三环水平拼装台座采用固定支座型拼装台座方案。支座应满足固定支座形成的台座直径，支座水平面和支座承受力在三环管片重量承压下不变形。

(3)抗渗检漏检验按设计要求抽样放在特制的检漏架上进行。按规范要求，每生产50环应抽查一块管片做检漏测试，连续三次达到检测标准，则改为每生产100环抽检一块

管片，再连续三次达到检测标准，最终检测频率为每生产 200 环抽查一块管片。如果出现一次检测不达标，则恢复每生产 50 环抽查一块管片的最初检测频率，再按上述要求进行抽检。

(4)管片检漏方法

检漏时按设计要求检漏压力为 0.8 MPa，渗水高度≤5 cm 的要求按 0.1 MPa/5 min 的压力逐时递增，直到 0.8 MPa 时再恒压 2 h。

(5)吊装孔抗拔试验方法

①千斤顶型号：YCW100-200 型。

②油压表最大量程：60 MPa；精度：0.4 级。

③抗拔程序：任选一块管片用预先加工好的芯棒拧到预制注浆孔埋件上，确保丝牙拧紧到位；将芯棒一端穿入千斤顶，固定后进行拉伸，观看油表读数及注浆孔是否松动，如果没有松动则说明注浆孔埋件抗拔能力满足要求。

4.4.6 管片的场内堆放和运输

(1)管片经过 14 d 水养后出池 90°翻转，4 片一叠内弧面朝上堆放，管片最底部均采用特殊加工的有弧度的混凝土垫条，上铺 2 cm 厚木板作为底层垫木，管片与管片之间均采用外包塑料膜的 1 m×0.1 m×0.1 m 统一木方。

(2)管片运输采用 10～15 t 平板车，每车配有专用托架，管片弧面向上，平稳放在托架上，管片之间附有弹性垫木。管片的运输量根据盾构推进要求，保证满足施工需要。

(3)管片出厂检验内容：

①管片养生龄期达到 28 d，成品检测符合要求，管片的试块抗压强度大于等于设计强度。

②管片抗压强度、抗渗试验和其他结构试验的代表值符合规定。

③管片无缺角掉边，无麻面露筋。

④管片预埋件完好，位置正确。

⑤管片型号和生产日期的标志醒目无误，并在规定位置加盖合格章。

⑥出厂合格证必须和出厂实物相符，并同车送达施工现场。有效的出厂合格证必须同时盖有制造单位公章。

4.5 管片的养护、储运

4.5.1 工艺流程

水池养护→储存→美容→出厂。

4.5.2 工艺质量控制

(1)管片检测合格打上标识，待管片温度与室外温度相差 10 ℃以下时，由平板车运至养护池，由门式吊车吊入养护池进行水养。管片移入养护池前，应确定其管片混凝土表面温度和水温之差不大于 20 ℃，避免因温差过大致使管片表面产生收缩裂纹。

(2)管片进入养护池按生产日期及型号侧立排放整齐,并做好记录。养护池底部应铺设枕木,避免管片吊入养生区时因碰撞而受损。

(3)水池养护须记录水温、管片下水前温度及水养护时间。管片在养护池中一般养护7 d后,起吊由翻身架翻转90°后,用叉车运至储存场。

(4)管片移入储存场依生产日期分批放置储存,储存场地面应坚实平整。

(5)存放时管片应内弧面向上平稳堆放整齐,管片下及管片之间应垫有柔性材料,垫条应对称放置,使管片间无碰撞,堆放高度不得超过4层。

(6)管片放置干冷的储存场进行强度养护,混凝土强度达到设计强度的100%后管片方可出厂。

(7)管片出厂前须盖合格印。

(8)运输管片用叉车装车,管片内弧面向上平稳地置放于运输车辆上,管片底及管片之间垫有柔性木垫(方木),只可堆放3层,防止运输过程中碰撞。

(9)管片用平板汽车运到施工现场,用门吊从车上吊下,施工现场管片存储场地应用混凝土硬化,地面坚实平整,存放时管片应内弧面向上平稳地堆放整齐,堆放高度不超过4层。

4.6 冬季生产保障

4.6.1 车间冬季生产保障措施

(1)养生厂房四周安装供暖设备,冬季施工前对热水锅炉和供暖管道进行检查,确保生产车间温度不低于15 ℃。

(2)车间四周设置温度计,养生厂房每个养护池放置至少2个温度计,每天专人负责测温,及时调整养护池水温不低于15 ℃。

(3)及时关闭车间门窗,生产厂房与养生厂房门口悬挂保温门帘,并配备热风幕。

4.6.2 拌和站冬季生产保障措施

(1)确保配制冬季的混凝上水灰比不大于0.4。

(2)混凝土所用骨料必须清洁,应干燥无积水、无冰冻,受雨水冰冻影响的砂石料应分堆堆放。拌和用水以深井水为宜,因冬季气温降低,碎石清洗困难,在入冬前加快清洗碎石,备足以确保冬季施工的需要。

(3)冬季拌制混凝土应采用蒸汽加热水的方法,骨料不加热,水宜加热最高温度不超过70 ℃,拌制时先投入骨料和已加热的水,拌匀后再投入水泥,以免造成水泥的假凝。

(4)冬季混凝土的拌制时间控制在3 min,拌制的混凝土坍落度控制在5～7 cm,拌制混凝土前及停止搅拌后,应用热水冲洗搅拌机,并且混凝土拌和物的出机温度不宜低于10 ℃,入模温度不宜低于5 ℃。

(5)拌和站用彩钢板房进行封闭,确保混凝土拌制过程中热量不易损失。冬季混凝土拌制质量应进行以下检查:

①检查外加剂的掺量,按照施工情况确定适当的外加剂掺量。

②测量水加热的温度及水与骨料加入搅拌机后的温度。

③测量混凝土自搅拌机中卸出时的温度和浇筑时的温度。

4.6.3 管片浇筑冬季生产保障措施

(1)蒸养温度和温度差的测试对控制冬季施工管片质量尤为重要,在管片蒸养期间由专人进行温度的控制调整和记录。冬季施工要适度延长管片蒸汽养护时间,管片蒸养前静停2 h(静养区温度为20 ℃)再开始蒸养,蒸养升温2.5 h,升温速率不超过15 ℃/h,恒温2 h,最高温度控制在55 ℃,降温2 h,降温速率不超过15 ℃/h,管片温度与车间内温度温差在20 ℃以内方可起吊蒸养并拆模,避免管片产生温度裂缝,确保管片初期拆模强度达到40%以上。管片的蒸养时间可随气温变化随时进行调整,遇恶劣天气,暂停生产。

(2)采用热水暖气恒温法对水养池水温进行加温,并设专人测温随时调整水温,确保水温控制在15 ℃以上。水养池中布置蒸汽管道对水进行加热,确保水温不低于15 ℃。根据生产情况,冬季期间管片安排在养生厂房里养生。

4.6.4 管片存放的冬季施工保护措施

冬季存放管片要做好防冻保护措施,待管片表面晾干后运出车间,以免管片受到损坏。

4.6.5 锅炉房的冬季施工保护措施

(1)在冬季施工前,按要求对锅炉和所有管道进行彻底检查,确保在冬季施工期间正常运转。

(2)正常施工时,锅炉房确保24 h有专人在岗,以免影响混凝土的拌制和养护。

(3)储存充足的燃料,确保冬季施工燃料满足使用。

5 管片检验试验

5.1 试验编制依据

(1)《铁路混凝土工程施工质量验收标准》(TB 10424—2018)
(2)《盾构隧道管片质量检测技术标准》(CJJ/T 164—2011)
(3)《混凝土结构耐久性设计标准》(GB/T 50476—2019)
(4)《盾构法隧道施工及验收规范》(GB 50446—2017)
(5)《预制混凝土衬砌管片》(GB/T 22082—2017)
(6)《预制混凝土衬砌管片生产工艺技术规程》(JC/T 2030—2010)
(7)《回弹法检测混凝土抗压强度技术规程》(JGJ/T 23—2011)
(8)《混凝土结构工程施工质量验收规范》(GB 50204—2015)
(9)《铁路混凝土结构耐久性设计规范》(TB 10005—2010)
(10)《地下铁道工程施工质量验收标准》(GB/T 50299—2018)
(11)《铁路隧道钢筋混凝土管片》(TB/T 3353—2014)
(12)《城际铁路设计规范》(TB 10623—2014)
(13)《铁路混凝土强度检验评定标准》(TB 10425—2019)
(14)《铁路混凝土》(TB/T 3275—2018)
(15)其他单位盾构管片工程设计文件、设计图纸、设计技术交底、设计答疑、管理办法等文件

5.2 管片厂试验室

5.2.1 试验室总体布置

试验室设置胶材室、化学室、集料室、土工室、混凝土室、养护室、力学室、现检室、样品室,各功操作间按照布局合理、使用方便、整洁美观的原则进行科学布置。

试验仪器设备布置如图 5-1～图 5-7 所示。

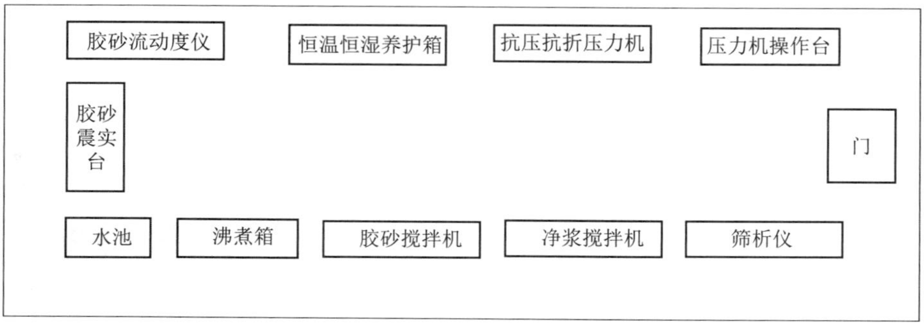

图 5-1 胶材室

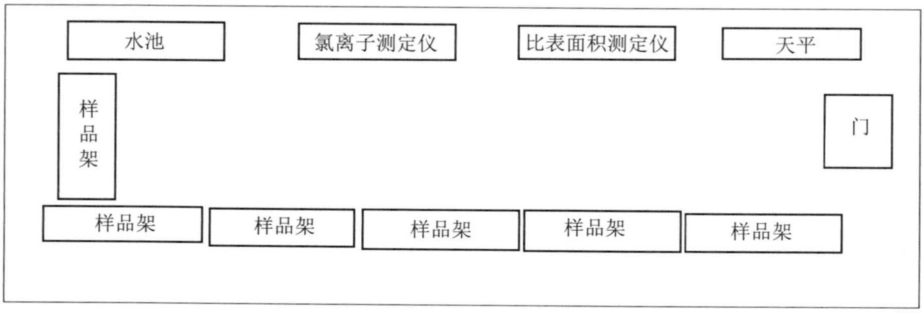

图 5-2 化学室与样品室

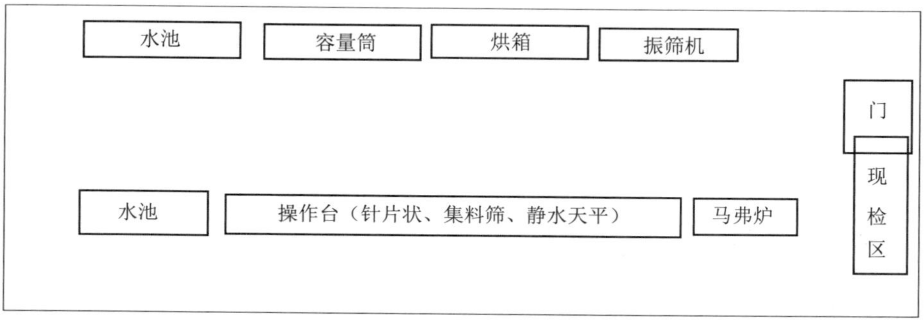

图 5-3 集料室与现检室

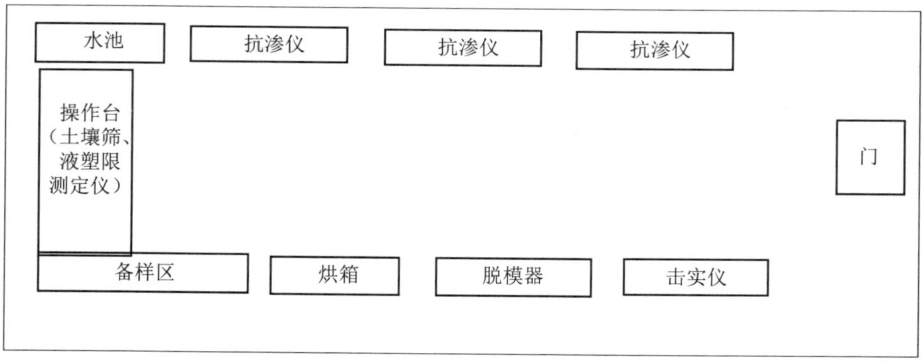

图 5-4 土工室与耐久室

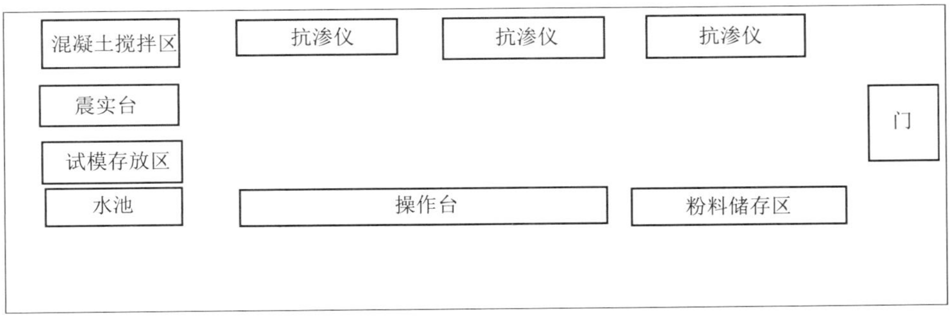

图 5-5　混凝土室

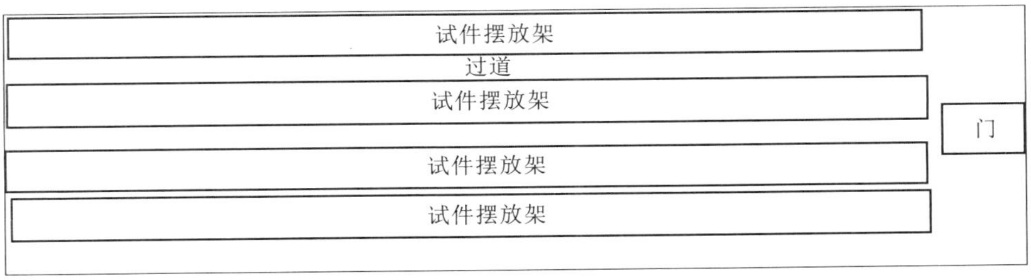

图 5-6　标养室

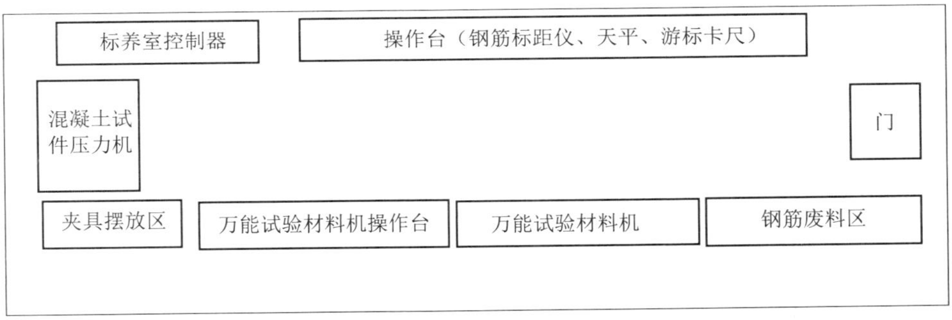

图 5-7　力学室

5.2.2　人员配置

试验室配置试验人员 5 人，其中工程师 1 人，试验检测员 3 人，辅助人员 1 人。

5.2.3　仪器设备检定

仪器设备检定见表 5-1。

表 5-1　仪器设备检定

序号	设备名称	规格型号	检定情况
1	氯离子含量快速测定仪	CLU-V 型	合格
2	塞尺	0.02～1.00 mm	合格

续上表

序号	设备名称	规格型号	检定情况
3	锚杆拉力计	ML-500B 型	合格
4	新标准方孔砂石筛	孔径 0.075～9.5 mm	合格
5	新标准方孔石子筛	孔径 2.36～90 mm	合格
6	环保负压筛析仪	FSY-150	合格
7	电热恒温鼓风干燥箱	101-2 型	合格
8	电子天平	JCS-11002A	合格
9	针片状规准仪	—	合格
10	混凝土含气量测定仪	CA-3S 型	合格
11	坍落度筒	100 mm×200 mm×300 mm	合格
12	标准养护恒温恒湿控制仪	BYS-60 型	合格
13	数显卡尺	0～300 mm	合格
14	回弹仪	ZC3-A 型	合格
15	碳化深度测定仪	0～8 mm	合格
16	钢直尺	400 mm	合格
17	读数显微镜	80X	合格
18	钢筋保护层测定仪	GTJ-KLL+	合格
19	箱式电阻炉	SX2-5-12A 型	合格
20	电液式压力试验机	BYE-2000	合格

5.3 原材料与混凝土检测

5.3.1 原材料检测原则

(1)原材料必须有出厂合格证或复试报告方可使用,按规定须复试的材料必须经复试合格后方可使用。

(2)原材料取样必须有监理见证。

(3)原材料取样必须按规定要求,并符合委外检测机构的要求。

(4)对现场材料质量有怀疑时随时进行抽检。

(5)原材料检测不合格应对该批次材料进行退场,退场时要有监理和物资部人员旁站三方共同见证退场,并保留影像资料登记不合格品台账。

5.3.2 原材料取样规定

1. 钢筋原材取样要求

(1)每次进场钢筋到场后,立即悬挂“待检”牌,未经批准不得使用;送检合格后,悬挂“合格”牌,可以使用;若送检不合格,立即退场。

(2)同一生产厂、同一炉罐号、同一规格级别、同一交货状态及同一进场时间的热轧带肋、光圆钢筋、低碳钢热轧圆盘及余热钢筋:≤60 t/批。

(3)每一验收批取试样一组。

(4)试样应从两根钢筋中取,每根钢筋依次截取一根试拉、一根反向弯曲。

(5)试件在每根钢筋距端头不小于 500 mm 处截取。

(6)如发现不合格钢筋,应双倍取样,如双倍取样不合格,则立即退场处理并填写不合格原材料台账作为记录。钢筋重量偏差不合格不允许复检。

2. 水泥取样要求

(1)同一水泥生产厂、同期出厂、同一编号及同强度的水泥:散装水泥≤500 t,不足 500 t 也为一检验批;当对水泥质量有怀疑或存放期超过三个月必须复检。

(2)取样时应随机抽取等量水泥,经拌和均匀后再从中抽取 12 kg 作为试样,用密封桶装好。

(3)一检验批取样 12 kg。

3. 集料取样要求

(1)同一产地、同一规格、同一进场时间每 400 m^3、600 t 作为一个验收批,不足此数亦作为一个验收批。

(2)每验收批取样一组,砂 20 kg,石 30 kg。

(3)在堆上取样时取样部位要均匀分布,取样前,先将取样部位表面铲除,然后由各部位抽取大致相等的试样砂 8 份(每份 11 kg 以上)、石子 15 份(在料堆底部、中部和顶部各由均匀分布的五个不同部位取得),每份 5～10 kg 搅拌均匀后缩分成一组试样。

4. 粉煤灰取样要求

(1)相同厂家、相同等级、相同种类、同一批号且连续供应的粉煤灰不超过 200 t 为一批,不足 200 t 也为一检验批。粉煤灰质量按干灰(含水量小于 1%)的质量计算,每批至少抽样一次。

(2)从不同部位中取等量样品,总量至少 6 kg,试样充分拌和均匀,用洁净密封桶(袋)包装,即送试验室进行检验。

5. 外加剂取样要求

(1)同生产厂家、同批号、同品种、同出厂日期且连续进场的外加剂,每 50 t 为一批,不足 50 t 也为一检验批。

(2)取样数量 2 kg,送委外试验室进行检验。

6. 拌和用水取样要求

(1)采集水样用容器应预先清洗干净,采集时再用待采集水样冲洗三次后才能采集水样。

(2)采集水样应注意季节、气候、雨量的影响,并在取样记录中予以注明。

(3)水质分析用水样不得少于 5 L。水样采集后应及时检验,pH 值在现场测定。硫化物测定用水样应专门采集,并应按检验方法的规定在现场固定。全部水质检验项目应在 7 d 内完成。

(4)测定水泥凝结时间用水样不得少于 1 L,测定砂浆强度用水样不得少于 2 L,测定混凝土强度用水样不得少于 15 L。

7. 不锈钢预埋套筒

不锈钢预埋套筒材质为 304 等级，同批号不超过 300 环检测一次，该材料属于施工单位甲供材料，由施工单位进行委托送检。

5.3.3 混凝土检测

1. 标准养护试件取样要求

同一混凝土强度等级、同一配合比、生产工艺相同，取样与试件留置应符合下列规定：

（1）每拌制不超过 100 m^3 时，取样不得少于一次；按管片方量换算，每生产 5 环管片，取样一次。

（2）试件在浇筑地点制作随机抽取，其中两组为脱模试件，一组为 28 d 标养试件。脱模试件跟随管片进入封闭式静态蒸养窑进行养护，28 d 标养试件在静养室中进行存放，满足 24 h 后进行脱模，脱模后放入标养室进行养护。

2. 抗渗试件取样要求

同一混凝土强度等级、同一配合比、生产工艺相同，取样与试件留置应符合下列规定；

（1）抗渗试件在混凝土浇筑地点随机抽取，同一配比每 10 环留置抗渗试件一组；

（2）试件制作完成后，在静养室中进行存放，满足 24 h 后脱模进入标养室养护。

3. 同条件试件取样要求

（1）同一混凝土强度等级、同一配合比、同一施工部位、同一施工生产工班每次成型 1 组。

（2）同条件养护试件与管片采取相同的养护条件。

5.3.4 各原材料检验指标

钢筋检验指标见表 5-2。

表 5-2 钢筋检验指标

序号	牌号	屈服强度（MPa）	抗拉强度（MPa）	最大力总延伸率 A_{gt}（%）	重量偏差	弯曲角度	备注
1	HRB400E	≥400	≥540	≥9.0	±6.0%	正 90° 反 20°	6～12 mm
2	HRB400E	≥400	≥540	≥9.0	±5.0%	正 90° 反 20°	14～20 mm
3	HRB400E	≥400	≥540	≥9.0	±4.0%	正 90° 反 20°	22～50 mm
4	HPB300	≥300	≥420	≥10.0	±6%	正 90° 反 20°	6～12 mm

水泥检验指标见表 5-3。

碎石检验指标见表 5-4。

表 5-3 水泥检验指标

序号	项 目		技术要求	
1	比表面积		300～350 m^2/kg	
2	标准稠度		(6±1)mm	
3	安定性		≤5mm	
4	初凝		≥45 min	
	终凝		≤600 min	
5	抗压强度		3 d	≥23.0 MPa
			28 d	≥52.5 MPa
	抗折强度		3 d	≥4.0 MPa
			28 d	≥7.0 MPa

表 5-4 碎石检验指标

序号	项 目	技术要求
1	含泥量(%)	≤0.5
2	泥块含量(%)	≤0.2
3	针片状颗粒总含量(%)	≤5
4	压碎指标(%)(碎石)	≤10
5	堆积密度(kg/m^3)	宜≥1 500
6	颗粒级配(mm)	5～25
7	表观密度	砂浆膨胀率应小于0.10%，否则应采取抑制碱—骨料反应的技术措施；不得使用具有碱—碳酸盐反应活性的骨料

中砂检验指标见表 5-5。

表 5-5 河砂检验指标

序号	项 目	技术要求
1	细度模数	2.3～3.0
2	含泥量(%)	≤2.0
3	泥块含量(%)	≤0.2
4	表观密度(kg/m^3)	≥2 500
5	堆积密度(kg/m^3)	≥1 400
6	Cl^-含量(%)	<0.02

粉煤灰检验指标见表 5-6。

表 5-6 粉煤灰检验指标

序号	项 目	技术要求
1	细度(%)	≤30.0
2	需水量比(%)	≤105

续上表

序号	项　　目	技术要求
3	烧失量(%)	≤5.0
4	密度(g/cm^3)	≤2.6
5	SO_3 含量(%)	≤3.0
6	游离 CaO 含量(%)	≤1.0

外加剂检验指标见表 5-7。

表 5-7　外加剂检验指标

序号	项　　目	指　　标
1	减水率	≥25%
2	泌水率比	≤20%
3	含气量	3.0%～6.0%
4	初凝	−90～+120 min
5	终凝	−90～+120 min
6	1 d 抗压强度比	≥170%
7	3 d 抗压强度比	≥160%
8	7 d 抗压强度比	≥150%
9	28 d 抗压强度比	≥140%
10	含气量 1 h 变化	−1.5%～+1.5%
11	坍落度 1 h 变化	≤80

拌和用水检验指标见表 5-8。

表 5-8　拌和用水检验指标

序号	项　　目	指　　标
1	pH 值	>6.5
2	不溶物含量	<2 000 mg/L
3	可溶物含量	<5 000 mg/L
4	氯化物含量	<1 000 mg/L
5	硫酸盐含量	<2 000 mg/L
6	碱含量	<1 500 mg/L
7	抗压强度比(28 d)	≥90%
8	凝结时间差	≤30 min

不锈钢预埋螺栓套检验指标见表 5-9。

混凝土试件检验指标见表 5-10。

表 5-9 不锈钢预埋螺栓套检验指标

序号	项 目	指 标	备 注
1	盐雾加速腐蚀性检测	2 400 h 内无红锈	型式检验
2	抗拉试验	40 kN	抽检
3	抗剪试验	30 kN	抽检
4	抗火(单面)	90 min	型式检验
5	抗火(三面)		型式检验
6	抗火(四面)		型式检验
7	动载抗振动、疲劳试验	200 万次	型式检验
8	材质分析	304 等级	抽检

表 5-10 混凝土试件检验指标

序号	项 目	技术要求
1	脱模试件	≥20 MPa
2	28 d 强度试件	≥50 MPa
3	抗渗试件	≥P12

5.4 成品管片检验与标准

混凝土管片检测分为出厂检验和型试检验二类。其中，出厂检验项目有混凝土抗压强度、外观质量、尺寸偏差；型试检验项目分为混凝土抗压强度、外观质量、尺寸偏差、水平拼装、检漏试验、抗弯性能，见表 5-11。

5.4.1 强度检验

1. 一般规定

(1)混凝土强度检验应以检查生产过程的试件强度试验报告为依据，应采用回弹法对抽样检验。

(2)回弹法检测混凝土强度时，按《回弹法检测混凝土抗压强度技术规程》(JGJ/T 23—2011)的规定执行，回弹操作面宜选择管片内弧面及管片拼接面。

(3)当抽检混凝土管片的混凝土检验条件不符合《回弹法检测混凝土抗压强度技术规程》(JGJ/T 23—2011)有关规定或对回弹法结果有争议时，采用钻芯法进行混凝土强度检验，钻芯法芯样试件制作及试验应符合《钻芯法检测混凝土强度技术规程》(JGJ/T 384—2016)的规定。

2. 回弹检测试验

(1)按批进行检测的构件，抽检数量不得少于同批构件总数的 30%且构件数量不宜少于 10 件，当检验批构件数量大于 30 件时，构件数量可适当调整，并不得少于 JGJ/T 23—2011 规定的最小抽样数量。抽检构件时，应随机抽取并使所选构件具有代表性，回弹操作面宜选择管片内弧面及管片拼接面。

表 5-11 成品管片检验项目

<table>
<tr><th>类别</th><th>项　　目</th><th>批　　量</th><th>抽检数量</th></tr>
<tr><td rowspan="6">出厂检验</td><td>外观质量</td><td>200 环</td><td>1 环</td></tr>
<tr><td>尺寸偏差</td><td>200 环</td><td>1 环</td></tr>
<tr><td>三环拼装</td><td>200 环</td><td>3 环</td></tr>
<tr><td>混凝土抗压强度</td><td>每天拌制的同配合比的混凝土，取样不得少于一次，每次至少成型一组</td><td>5 环/1 组</td></tr>
<tr><td>检漏试验</td><td>每 100 环抽查 1 块，连续 3 次检漏测试均合格则改为每生产 200 环抽查 1 块，则改为每生产 400 环抽查 1 块，再连续 3 次合格按最终检测频率 400 环 1 块进行检测，如出现一次不达标，则恢复 100 环抽查 1 块的最初检测频率</td><td>1 块
复检 2 块</td></tr>
<tr><td>抗弯性能</td><td>1 000 环</td><td>1 块</td></tr>
<tr><td rowspan="6">型式检验</td><td>混凝土抗压强度</td><td>每天拌制的同配合比的混凝土，取样不得少于一次，每次至少成型 1 组</td><td>5 环/1 组</td></tr>
<tr><td>检漏试验</td><td rowspan="5">1 000 环，不足 1000 环时也可作为一批</td><td>1 块复检 2 块</td></tr>
<tr><td>水平拼装</td><td>三环拼装</td></tr>
<tr><td>抗弯性能</td><td>1 块</td></tr>
<tr><td>外观质量</td><td>1 环</td></tr>
<tr><td>尺寸偏差</td><td>1 环</td></tr>
<tr><td rowspan="2">不锈钢螺栓套抗拔抗剪检验</td><td>抗拔试验</td><td>300 环，不足 300 环时也可作为一批</td><td>1 块有网、
1 块无网</td></tr>
<tr><td>抗剪试验</td><td>300 环，不足 300 环时也可作为一批</td><td>1 块有网、
1 块无网</td></tr>
</table>

(2)回弹检测时回弹仪的轴线应始终垂直于结构或构件的混凝土检测面，缓慢施压准确读数快速复位。测点宜在测区范围内均匀分布，测点不应在气孔或外露石子上，同一测点只应弹击一次，每一测区应记取 16 个回弹值。回弹仪的率定值为 80±2。对不同浇筑面的回弹值、非水平状态检测时的回弹值、泵送混凝土回弹值应分别进行修正。

(3)回弹值测量完毕后应在有代表性的位置上测量碳化深度值。碳化深度值测量可采用适当的工具在测区表面形成直径约 15 mm 的孔洞，碳化深度检测不应少于 3 次，取其平均值(每次读数和次平均值均精确至 0.5 mm)。

3. 钻芯法检测试验

(1)钻芯取样条件

①采用钻芯法检测结构或构件混凝土强度前，宜具备下列资料信息：工程名称及设计、施工、监理和建设单位名称；结构或构件种类、外形尺寸及数量；设计混凝土强度等级；浇筑日期、配合比通知单和强度试验报告；结构或构件质量状况和施工记录；有关的结构设计施工图等。

②芯样宜在结构或构件的下列部位钻取：结构或构件受力较小的部位；混凝土强度具有代表性的部位；便于钻芯机安放与操作的部位；宜采用钢筋探测仪测试或局部剔凿的方法避开主筋、预埋件和管线。

（2）钻芯取样方法

①在构件上钻取多个芯样时，芯样宜取自不同部位；

②钻芯机就位并安放平稳后，应将钻芯机固定，固定的方法应根据钻芯机的构造和施工现场的具体情况确定；

③钻芯机在未安装钻头之前，应先通电确认主轴的旋转方向为顺时针方向；

④钻芯时，用于冷却钻头和排除混凝土碎屑的冷却水的流量宜为 3～5 L/min；

⑤钻取芯样时宜保持匀速钻进；

⑥芯样应进行标记，钻取部位应予以记录，芯样高度及质量不能满足要求时，则应重新钻取芯样；

⑦芯样应采取保护措施，避免在运输和贮存中损坏。

（3）钻芯法检测规定

钻芯法确定检测批的混凝土抗压强度推定值时，取样应遵守下列规定：

①芯样试件的数量应根据检测批的容量确定；直径 100 mm 的芯样试件的最小样本量不宜小于 15 个，小直径芯样试件的最小样本量不宜小于 20 个。

②芯样应从检测批的结构构件中随机抽取，每个芯样宜取自一个构件或结构的局部部位。

（4）芯样加工

①抗压芯样试件的高径比（H/d）宜为 1；劈裂抗拉芯样试件的高径比（H/d）宜为 2，且任何情况下不应小于 1；抗折芯样试件的高径比（H/d）宜为 35。

②抗压芯样试件内不宜含有钢筋，也可有一根直径不大于 10 mm 的钢筋，且钢筋应与芯样试件的轴线垂直并离开端面 10 mm 以上。劈裂抗拉芯样试件在劈裂破坏面内不应含有钢筋。抗折芯样试件内不应有纵向钢筋。

③抗压芯样试件的端面处理可采取在磨平机上磨平端面的处理方法，也可采用硫黄胶泥或环氧胶泥补平，补平层厚度不宜大于 2 mm。抗压强度低于 30 MPa 的芯样试件不宜采用磨平端面的处理方法；抗压强度高于 60 MPa 的芯样试件不宜采用硫黄胶泥或环氧胶泥补平的处理方法。

劈裂抗拉芯样试件和抗折芯样试件的端面处理宜采取在磨平机上磨平端面的处理方法。

④在试验前应按下列规定测量芯样试件的尺寸：

a. 平均直径应用游标卡尺在芯样试件上部、中部和下部相互垂直的两个位置上共测量 6 次，取测量的算术平均值作为芯样试件的直径，精确至 0.5 mm；

b. 芯样试件高度可用钢卷尺或钢板尺进行测量，精确至 1.0 mm；

c. 垂直度应用游标量角器测量芯样试件两个端面与母线的夹角，取最大值作为芯样试件的垂直度，精确至 0.1°；

d. 平整度可用钢板尺或角尺紧靠在芯样试件承压面（线）上，一面转动钢板尺，一面用塞尺测量钢板尺与芯样试件承压面（线）之间的缝隙，取最大缝隙为芯样试件的平整度，也可采用其他专用设备测量。

⑤芯样试件尺寸偏差及外观质量出现下列情况时，相应的芯样试件不宜进行试验：

a. 抗压芯样试件的实际高径比（H/d）小于要求高径比的 0.95 或大于 1.05；

b. 抗压样试件端面与轴线的不垂直度超过 1；

c. 抗压芯样试件端面的不平整度在每 100 mm 长度内超过 0.1 mm，劈裂抗拉和抗折芯样试件承压线的不平整度在每 100 mm 长度内超过 0.25 mm；

d. 沿芯样试件高度的任一直径与平均直径相差超过 1.5 mm。

待钻芯试样具备以上条件后，将试样委托至业主指定第三方检测单位进行抗压试验。

5.4.2 外观检验

外观质量检验方法与检测工具见表 5-12。

表 5-12 外观质量检验方法与检验工具表

序号	检验项目		检验方法	量具分度值(mm)
1	外观质量	贯穿裂缝	裂缝宽度仪检测，精确至 0.01 mm	0.01
2		拼接面裂缝	裂缝宽度仪检测，精确至 0.01 mm	0.01
3		非贯穿性裂缝	裂缝宽度仪检测，精确至 0.01 mm	0.01
4		内、外表面露筋	观察	—
5		孔洞	观察、测量孔洞深度和长度	—
6		麻面、粘皮、蜂窝	用钢卷尺测量，精确至 1 mm	≤1
7		疏松、夹渣	观察	—
8		环、纵向螺栓孔	目测，用螺栓穿孔进行试验	—
9		缺棱掉角、飞边	观察	—

5.4.3 尺寸偏差检验

尺寸偏差检验方法及检验工具见表 5-13。

表 5-13 尺寸偏差检验方法与检验工具

序号	检验项目		检 验 方 法	量具分度值(mm)
1	尺寸偏差	宽度	用游标卡尺在内外表面端部及中部测量各 3 点，精确至 0.1 mm	≤0.05
2		厚度	用游标卡尺在内外表面端部及中部测量各 3 点，取 6 点的平均值，精确至 0.1 mm	≤0.05
3		钢筋保护层厚度	用钢筋保护层厚度测定仪进行测量，在内弧面和外弧面各测量 3 点，精确至 1 mm，有争议时通过凿开混凝土保护层用深度游标卡尺进行	≤0.5

5.5 水平拼装检验

5.5.1 标准依据

《盾构法隧道施工及验收规范》(GB 50446—2017)、《盾构隧道管片质量检测技术标准》(CJJ/T 164—2011)。

5.5.2 适用范围

适用于管片水平拼装检验，包括检验频率、项目和方法，以测定管片水平组装后的尺寸精度和形位偏差，对管片和模具进行的检验。

5.5.3 检验要求

1. 检验频率

每生产 200 环管片后进行水平拼装检验 1 次，符合《盾构法隧道施工及验收规范》(GB 50446—2017)第 6.6.3 条、第 6.7.3 条、第 16.0.5 条规定。

2. 检验项目

水平拼装检验项目：环向缝间隙、纵向缝间隙、成环后内径、成环后外径，符合《盾构法隧道施工及验收规范》(GB 50446—2017)第 6.6.3 条、第 16.0.5 条规定。

5.5.4 检验方法和验收标准

(1)管片生产单位在监理单位、施工总包单位见证下进行检验。

(2)检验方法及允许偏差符合设计图纸及表 5-14 的规定。

表 5-14 管片水平拼装检验允许偏差和检验方法(mm)

项 目	允许偏差	检验频率	检验工具
环向缝间隙	2	每缝测 6 点	塞尺
纵向缝间隙	2	每缝测 2 点	塞尺
成环后内径	±2	测 4 条(不放衬垫)	钢卷尺
成环后外径	+6，−2	测 4 条(不放衬垫)	钢卷尺

5.6 检漏试验

5.6.1 标准依据

《地下防水工程质量验收规范》(GB 50208—2011)。

5.6.2 适用范围

适用于管片检漏试验，包括试验频率、试验用仪器设备的技术要求和试验结果评定。

5.6.3 试验频率

管片每生产 100 环应抽取 1 块管片进行检漏测试，连续 3 次达到检测标准，则改为每生产 200 环抽查 1 块管片，再连续 3 次达到检测标准，按最终检测频率为 400 环抽查 1 块管片做检漏测试。如出现一次不达标，则恢复每 100 环抽查 1 块管片的最初检测频率，再按上述要求进行抽检。当检漏频率为每 100 环抽查 1 块管片时，如出现不达标，则双倍复检，如再出现不达标，必须逐块检测。

5.6.4 仪器设备

(1)检漏试验架用于固定试件的支撑座,采用刚性支座,紧固螺栓及试验架钢板应有足够刚度。密封面与管片应能紧密接触,结合处橡胶密封胶垫密封,进水口应均匀分布在承水压面的轴线上,密封面积为管片外弧面中部三分之一面积区域。

(2)试验仪器为压力表1.6 MPa精度1.6级,秒表,加压泵(要求能均匀加压)。

5.6.5 试验方法

(1)将管片平稳放在试验架上,检查密封橡胶垫是否紧贴在管片外弧面上。

(2)在管片内弧面方向上垫上三条橡皮条,中间一条,边沿各一条,管片密封垫距管片边缘的距离为50 mm。

(3)在管片内弧面宽度方向压上紧固横杆,用螺栓与上下支承座上的紧固横杆连接,从中间开始向两边收紧。

(4)打开放气阀门,然后接通进水阀,注入自来水,当排气孔中排出水后,关闭排气阀,启动加压泵,按0.05 MPa/min的加压速度,加到0.2 MP恒压10 min,检查管片是否有渗漏水现象,观察侧面渗透高度,做好记录。

(5)继续加压到0.4 MPa、0.6 MPa……,每级恒压时间10 min,直至加压到设计抗渗压力,恒压3 h,检查管片是否有渗水现象,观察侧面渗透高度,做好记录。

5.6.6 试验结果评定

(1)管片生产单位在监理单位、施工总包单位见证下进行检验。

(2)结果评定标准按《地下防水工程质量验收规范》(GB 50208—2011)第6.3.5条判定:管片外表在0.8 MPa水压力下,恒压3 h,渗水进入管片外背高度不超过50 mm为合格。

5.7 抗弯性能试验

5.7.1 标准依据

《预制混凝土衬砌管片》(GB/T 22082—2017)、《盾构隧道管片质量检测技术标准》(CJJ/T 164—2011)。

5.7.2 适用范围

适用于管片的抗弯性能试验,包括试验用仪器设备的技术要求和试验结果处理,以检测管片在规定的试验方法下的承载力是否符合设计要求。

5.7.3 试验仪器设备

1. 试验反力架

用于固定试件的反力试验架最大承载能力应满足试验要求。

2. 试验用仪器

按规定进行检定，包括荷载测试 500 kN 读数显微镜、百分表、秒表、油压千斤顶。

5.7.4 试验方法

(1)将管片平稳安放在试验架上，在加荷点上垫上厚度不少于 20 mm 勺橡胶垫。

(2)采用千斤顶分配梁系统加荷，加荷点标距 900 mm 或设计确定。支承管片两端的小车可沿地面轨道滑动。

(3)荷载分级和持续时间：采用分级加荷法，每级加载值符合表 5-15 的规定，每级恒载时间不少于 5 min，记录每级荷载值作用下的各测点位移，并施加下一级荷载。

表 5-15 抗弯性能检验加载值

荷载值	分级						
	一级	二级	三级	四级	五级	六级	七级
分级加载值	20%	20%	20%	20%	10%	5%	5%
累计加载值	20%	40%	60%	80%	90%	95%	100%

(4)当混凝土管片出现裂缝后，应连续荷载 10 min，观察混凝土管片裂缝的开展，并应取本级荷载值为开裂荷载实测值。

(5)当加载至设计荷载时，应持续荷载 30 min，观察混凝土管片裂缝开展，记录最大裂缝宽度，随后卸载，终止检验。

(6)记录每一级加荷后的位移变量，并按下列计算：

$$中心点竖向位移=D_1-(D_4+D_5)/2$$

$$荷载点竖向位移=(D_2+D_3)/2-(D_4+D_5)/2$$

$$水平点位移=(D_6+D_7)/2$$

其中，$D_1 \sim D_7$ 为每次加荷后的位移量。

根据位移变量绘制中心点、荷载点、水平点变量曲线图，记录在不同荷重情况下裂缝出现的位置和裂缝宽度。

5.7.5 试验频率及结果评定

1. 检验频率

每 1 000 环抽检 1 块，不足 1 000 环时按 1 000 环计，符合图纸设计中相关规定。

2. 结果评定

管片生产单位按要求委托具备资质的第三方检测单位进行抗弯性能试验检测，监理单位、施工总包单位一同见证试验结果。试验结果评定依据《预制混凝土衬砌管片》(GB/T 22082—2017)第 8.3.3.4 条，抗弯性能检验满足设计要求，则判定管片抗弯性能合格。

5.8 抗拔性能试验

5.8.1 标准依据

《预制混凝土衬砌管片》(GB/T 22082—2017)、《盾构隧道管片质量检测技术标准》(CJJ/T 164—2011)。

5.8.2 适用范围

适用于管片的抗拔性能试验,包括试验用仪器设备的技术要求和试验结果处理,以测定管片吊装孔螺栓抗拔力是否符合设计要求。

5.8.3 试验仪器设备

(1)拉力螺栓杆、螺母;

(2)支承钢板、橡胶垫片(边长 300 mm,中间开孔,直径 90 mm);

(3)穿心式千斤顶及其配套的压力表,千斤顶和压力表均在计量的有效期内;

(4)百分表(量程 0～30 mm 精度 0.01 mm)、百分表支架、读数放大镜(精度 0.01 mm),百分表及读数放大镜均在计量的有效期内。

5.8.4 试验方法

(1)将管片平稳安放在试验架上,将拉力螺栓杆旋入注浆孔中。

(2)将拉力螺栓杆与千斤顶相固定。

(3)安装测力传感器,开始加载测试。

(4)荷载分级和持续时间:每级加载值符合表 5-16 的规定,每级持荷时间不少于 5 min,记录每级荷载值作用下螺栓的位移量。

表 5-16 抗拔性能检验加载值

荷载值	分级						
	一级	二级	三级	四级	五级	六级	七级
分级加载值	20%	20%	20%	20%	10%	5%	5%
累计加载值	20%	40%	60%	80%	90%	95%	100%

(5)当抗拔性能检验加载达到设计荷载时,应持续荷载 30 min,每 5 min 测量一次位移。

(6)记录荷载和位移,终止试验并观察混凝土管片裂缝开展情况。

5.8.5 试验频率及结果评定

1. 检验频率

每 1 000 环抽检 1 块,不足 1 000 环时按 1 000 环计,符合图纸会审中的相关规定。

2. 结果评定

管片生产单位按要求委托具备资质的第三方检测单位进行抗拔性能试验检测，监理单位、施工总包单位一同见证试验结果。试验判定规则依据《预制混凝土衬砌管片》(GB/T 22082—2017)第 8.3.3.5 条：管片吊装孔螺栓抗拔试验加载至设计载荷值 200 kN)时，吊装螺栓管未被破坏且能继续承受拉力，则判定管片抗拔性能合格。

5.9 不合格处理程序

(1)进场原材料应进行进场检测，如进场材料出现不合格立即停止进场，通知监理在监理见证下进行取样复检，如复检仍不合格应予以退场处理。

(2)混凝土强度出现不合格应立即联系监理及第三方检测公司，在监理见证下对同一检验批的混凝土管片进行实体回弹，回弹检测结果合格管片正常使用，若评定不合格或有争议时，则通过钻芯取样(CECS 03—2007)进行验证，若再不合格由设计单位做结构验算和方法最终验证，验证合格则实体管片合格，若不合格则该管片不合格予以报废处理。

5.10 检测工作进度计划

(1)每次进场检验提前 1 天通知，所有材料须在监理见证下完成取样与自检，自检结果上报监理，不合格材料给予退场处理。自检合格在监理见证下送至第三方检测。

(2)管片自控检验应根据管片生产数量与管片是否满足 28 d 龄期，满足要求后在监理见证下完成自检；需第三方型检管片应提前向监理单位报备检测计划，满足条件后由监理发出会议通知邀请参建单位共同见证。

(3)需第三方检测的试验应由甲方指定检测单位并在监理单位报备，其相关资质应符合要求。

5.11 检测安全措施

(1)进行现场检测之前，对检测人员进行检测实施方案交底和安全教育。

(2)现场检测时应用隔离带对检测区进行隔离，并在检测区域设置警示牌提示注意安全。

(3)自检材料时应做好防护措施，对有毒气体与化学试验时应佩戴口罩与手套，试验完毕后应关闭电源。

6 管片拼装与管片应用案例

6.1 管片拼装

管片拼装是地下工程施工中的一项重要工作，负责将预制的管片进行拼接，并将其安装到地下隧道或管道中。在进行管片拼装作业时，必须严格遵守相关的安全保障措施，以确保人身安全和工程质量。在进行管片拼装作业前，对施工现场进行充分的勘察和设计是必要的，这样可以确保拼装工作的可行性和安全性，并做出合理的方案。勘察和设计需考虑地质情况、土层稳定性，以及拼装时可能出现的问题，如支护结构和垂直度控制等。所有参与人员必须接受相关的安全培训，并且了解和遵守操作规程。培训内容包括施工现场安全意识、紧急情况的处理方法，以及操作规程等。同时，管片拼装作业的施工现场进行安全围护是必要的，这包括设置安全警示标志、防护栏杆和警示带等，以限制非参与人员的进入，并提醒施工人员注意安全。在整个拼装作业过程中，需要进行定期的安全检查和监控，包括施工设备的运行状况、工地秩序和安全标识是否完好等。监控可以通过摄像头或人工巡视来实施，及时发现安全隐患。在拼装作业进行过程中，可能会遇到一些突发状况，如地质突变、设备故障等，需要制订应急预案。应急预案包括紧急疏散方案、联系人员的电话号码等。在进行管片拼装作业时，需要使用适当的施工设备和工具。这些设备和工具应经过检查和维护，确保正常工作。同时，操作人员应熟悉设备和工具的使用方法，具备相关的操作技能，在进行管片拼装作业时，必须严格按照操作规程进行，确保每个工序的正确进行。

管片的拼装流程如图 6-1 所示。

6.1.1 拼装前准备

(1)隧道管片在地面上按拼装顺序排列堆放，并粘贴好管片接缝密封衬垫等防水材料，管片接缝的连接件和配件、防水垫圈等的数量规格准备齐全，并随第一块管片运送至工作面。

(2)盾构推进后现状姿态应符合拼装要求，主要检查盾构姿态以下三方面：

距离：盾构千斤顶顶块与前一环管片环面的净距必须大于管片宽度。

管片与盾壳四周空隙：检查前一环管片与盾壳四周间隙情况，结合前一环成果报表决定

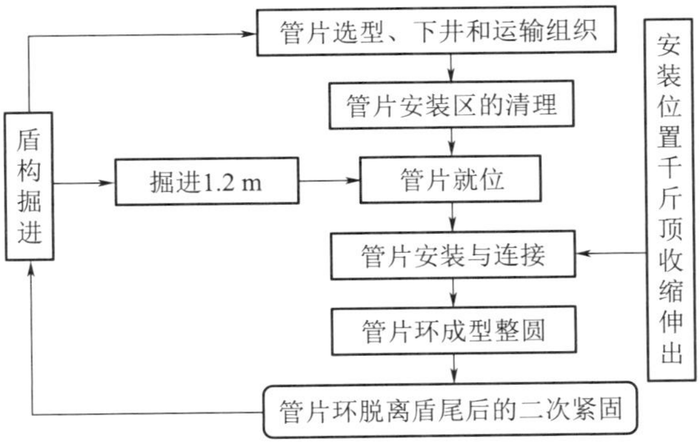

图 6-1　管片拼装流程

本环拼装的纠偏量及纠偏措施。

盾构纵坡及举重臂中心在平面和高程的偏离值，决定管片拼装位置的调整措施和纠偏值。

(3)对管片外观、质量进行检查，不符合要求的管片不能使用，应立即更换。

6.1.2　管片选型、下井和运输组织

管片选型原则：适应盾尾间隙、适应盾构机姿态、适合隧道设计线路、适合盾构千斤顶行程。

管片粘贴人员必须按照井下值班工程师的型号要求进行管片的粘贴和下井，粘贴前要检查管片是否有破损、掉角、脱边以及裂缝等缺陷，下井和运输组织过程中注意对管片本身以及粘贴的防水材料的保护。

将检查合格后已粘贴防水材料的管片及管片接缝的连接件和配件、防水垫圈等用龙门吊运送到井下，装入管片车，由隧道内运输列车运送至工作面。卸车时再次对管片的型号、外观及防水材料粘贴质量进行检查，同时根据安装的点位合理放置各片管片。

6.1.3　管片安装区的清理

管片安装前要对安装区域进行清理，盾壳内的积水、污泥要完全清除干净。

6.1.4　管片就位及安装前的检查

盾构掘进完成后要将安装的管片就位并清理干净，同时检查运至作业面的管片是否和工程师下达的本环管片指令类型相同；管片下井拼装前，用灰刀清除管片上的浮灰、浮砂；管片是否有破损、掉角、脱边以及裂缝；止水条、衬垫和自黏性橡胶薄板等是否有起鼓、隆起、断裂、破损和脱落等现象，止水条是否部分已失效；管片连接螺栓、垫圈、螺栓孔密封垫圈及吊装孔封堵塞等数量是否齐全，质量是否完好；操作人员应全面检查管片拼装机的动力及液压设备是否正常，举重钳子是否灵活、安全可靠。上述条件全部具备后方可收回顶进油缸，进行管片的拼装作业。

6.1.5 管片安装与连接

1. 管片的安装点位

管片采用标准环和转变环管片组合，安装点位以满足隧道线型为前提，衬砌环按一环一组错缝式拼装，其中第一环的封顶块管片从正上方左偏 18°，第二环的封顶块管片从正上方右偏 18°。重点考虑管片安装后盾尾间隙要满足下一掘进循环限值，确保有足够的盾尾间隙，以防盾尾直接接触管片。管片安装前根据盾尾间隙、推进油缸行程选择好拟安装管片的点位。

2. 管片拼装顺序

管片安装时必须从隧道底部开始，然后依次安装邻接块，最后安装封顶块。每安装一块管片，立即将管片纵环向连接螺栓插入连接，并戴上螺帽，用电动扳手紧固。在安装封顶块前，控制环面平整度和封口尺寸，并对防水密封条进行涂肥皂水作润滑处理，安装时先径向插入 2/3，调整位置后缓慢纵向顶推，防止封顶块顶入时搓坏防水密封条。管片安装到位后，及时伸出相应位置的推进油缸顶紧管片，其顶推力应大于稳定管片所需力，然后方可移开管片安装机。整环管片全部安装完成后，用风动扳手紧固所有螺栓，上紧所有注浆孔封堵塞。完成上述工作后，盾构即可进入下一环的掘进。

3. 管片脱离盾尾后的二次紧固

盾构掘进时，在上一个循环管片脱出盾尾后，及时以风动扳手对所有管片环纵向螺栓进行复紧。

4. 联络通道处管片的安装

联络通道处管片通缝安装，B2 块也可采用钢管片。接近联络通道时准时核实通道位置，调整好盾构机姿态，便于联络通道处管片的正确安装和保证安装质量。联络通道处管片的安装位置分别为：左线隧道封顶块中线偏向线路左侧 18°，右线隧道封顶块中线偏向线路右侧 18°。

5. 负环管片安装

负环管片包括负环钢环和负环钢筋混凝土管片。负环钢环起到连接负环混凝土管片和反力架并减小负环钢筋混凝土管片变形的作用。

在拼装第一环负环管片前，在盾尾管片拼装区 180°范围内均匀安设 9 根长 2 m、厚 75 mm 的木条（或槽钢），盾尾内侧与管片外弧面的间隙为 75 mm，在盾构机内拼装好整环后利用盾构机推进千斤顶将管片缓慢推出，当管片推出 1 000 mm 后开始拼装第二环管片（切不可将第一环管片全部推出木条段再拼装第二环，避免管片下沉），当第一环负环管片突出盾尾 200 mm 后，将负环钢环整体起吊与第一环负环管片连接，并将负环钢环与始发基座导轨间的空隙用纵向型钢垫实，然后继续将管片推出直至负环钢环与反力架靠紧，然后用薄钢板将负环钢环与反力架之间的缝隙填实并将垫块焊接牢固。负环管片按照错缝的方式进行拼装。负环管片在推出的过程中要及时支撑，避免负环管片失圆过大引起管片拼装困难。

注意：由于始发支座轨道与管片外侧有 125 mm 的空隙，为了避免负环管片全部推出盾尾后下沉，在始发导轨上点焊外径 125 mm 圆钢（或型钢焊接支撑）或用方木楔楔紧，使其将负环混凝土管片托起。管片环缝靠反力架环面为凹面，为了便于受力均匀，将第一环凹面处手孔处外全部用高强砂浆抹平。负环管片环、纵缝要贴传力衬垫，在进洞门的前一环开始贴弹性密封垫，在盾尾进入洞门前一环开始压住盾尾密封油脂。

6. 管片安装允许误差

整环拼装的允许误差：相邻环的环面间隙为 0.6～0.8 mm，纵缝相邻块间隙为 1.5～2.5 mm，纵向螺栓孔孔径、孔位分别为±3 mm。

管片安装流程见表 6-1。

表 6-1 管片安装流程

序号	图 示	施工程序及技术措施
1		(1)盾构拼装机械手起吊拱底管片块； (2)底部一组千斤顶回缩； (3)拱底管片块拼装就位，底部一组千斤顶重新顶紧； (4)上紧环与环间的连接螺栓
2		(1)同样方法安装侧向标准块； (2)两侧千斤顶重新顶紧管片块； (3)上紧环与环间及块间的连接螺栓
3		(1)同样方法安装邻接块； (2)千斤顶重新顶紧管片块； (3)上紧环与环间及块间的连接螺栓

续上表

序号	图　　示	施工程序及技术措施
4	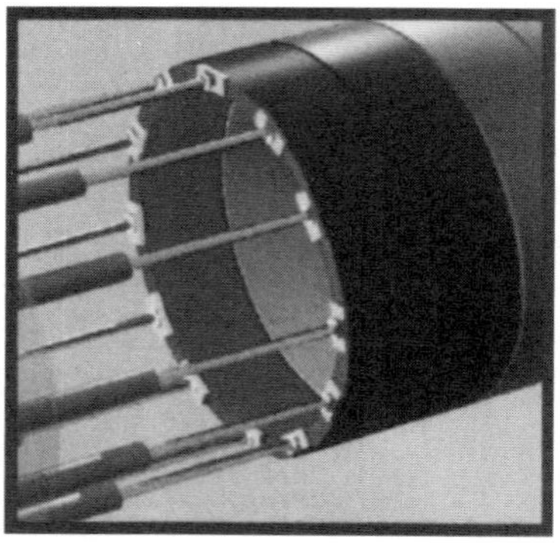	（1）封顶块先径向压入，调准后千斤顶再沿纵向缓慢顶入； （2）上紧环与环间及块间的连接螺栓

6.1.6　管片冲洗

（1）管片拼装前对管片进行一次冲洗。

（2）拼装完成后，对管片再进行一次全面清洗。

（3）在施工过程中，尽量避免后续台车处的管片污染。

（4）管片脱出末节台车后，对管片进行一次彻底全面清洗。

6.1.7　管片修补

管片在下井中、拼装、推进过程中会因各种因素造成部分管片破损或裂纹，而这部分破损、存在裂纹的管片修补不到位将会对以后运行的列车造成危害，因此在隧道交付之前必须对破损、存在裂纹的管片进行处理，修补必须按照修补方案执行，对修补前、中、后进行留底建立管片修补台账，以便于日后查阅及归档。

管片修补要点如下：

（1）完善管片修补方案和技术交底，按照要求的材料和工艺进行修补作业。

（2）建立管片修补台账，准确记录破损环号、位置、破损尺寸、修补前后和植筋挂网影像资料，管片修补完成须打磨调色。

（3）管片修补材料和过程需要监理的检查和旁站。

（4）管片修补完成须组织验收，确认修补材料、修补工艺、修补效果满足要求。

6.1.8　管片拼装质量管控

（1）严格进场管片的检查，破损、裂缝的管片不用。下井吊装管片和运送管片时应注意保护管片和止水条，以免损坏。

（2）止水条及衬垫粘贴前，应对管片接触面进行彻底清洁，以确保其粘贴稳定牢固。施工现场管片堆放区应有防雨淋设施。粘贴止水条时应对其涂缓膨剂。

（3）管片安装前应对管片安装区进行清理，去除污泥、污水，保证安装区及管片相接面的清洁。

(4)严禁非管片安装位置的推进油缸与管片安装位置的推进油缸同时收回。

(5)管片安装时必须运用管片安装的微调装置将待装的管片与已安装管片块的内弧面纵面调整到平顺相接以减小错台。调整时动作要平稳,防止管片碰撞破损。

(6)同步注浆压力必须得到有效控制,注浆压力不得超过限值。

(7)在管片安装前进行的检查中发现问题应及时进行处理,管片型号不正确的必须更换,防水材料损坏的应进行修复,螺栓等材料不足应及时补充等。

(8)管片安装前应对已安装最后一环管片的前端止水条进行检查,损坏或已发生预膨胀的必须更换。

(9)封顶块位置必须严格按管片指令上的规定进行安装。

(10)管片安装必须先从底部开始,左右对称安装。

(11)管片安装到位后,应及时推出相应区域的油缸。

(12)封顶块安装困难时应涂润滑剂,再进行安装,以免损坏止水条。

(13)管片安装过程中注意对管片及管片防水材料的保护,尽量防止造成损坏,一旦发生损坏必须及时进行更换或修复。

6.1.9 管片拼装安全管控

(1)管片安装时,非操作人员不得进入管片安装区域,管片安装人员不得站立在管片安装机上,管片拼装机操作人员在操作过程中随时关注管片安装区域内人员情况。在进行紧固螺栓时,不得移动管片安装机,防止人员摔跌受伤。管片安装施工人员应观察并使管片安装机移动范围内的管线放到适宜的位置,防止造成管线损坏。工作过程中不得使用管片安装机进行非管片安装的拉、推、顶操作,防止损坏设备。管片安装过程中操作人员使用的工具在使用完后应立即放到稳妥的位置,防止工具从高处摔下损坏推进油缸等设备。

(2)管片拼装必须落实专人负责指挥,拼装机操作人员必须按照指挥人员的指令操作,严禁擅自转动拼装机,以免发生伤亡事故。

(3)举重臂旋转时,必须鸣号警示,严禁施工人员进入举重臂活动半径内,拼装工在管片全部定位后,方可作业。在施工人员未撤离施工区域时,严禁启动拼装机。

(4)拼装管片时,拼装人员必须站在安全可靠的位置,严禁将手脚放在环缝和千斤顶的顶部,以防意外伤害。同时,所有的螺栓必须穿连到位,否则不得松动千斤顶。拼装人员必须始终在拼装机操作人员的视线范围内。

(5)举重臂必须在管片固定就位后方可复位,封顶拼装就位未完毕时,严禁人员进入封顶块的下方。

(6)举重臂拼装头必须拧紧到位,不得松动,发现磨损情况及时更换,不得冒险吊运。

(7)管片在旋转上升之前,必须用举重臂小脚将管片固定,以防管片在旋转过程中晃动。

(8)当拼装头与管片预埋孔不能紧固连接时,必须制作专用的拼装架。拼装架设计必须经技术部门认可,经过试验合格后方可使用。

(9)拼装管片必须使用专用的拼装销,拼装销必须有限位。

(10)拼装上部管片时,必须使用专用的移动式防护栏,以防高空坠落。人员穿越防护栏杆作业时，必须佩戴安全带。

(11)单轨梁(双轨梁)运送管片就位拼装时，人员严禁站立在管片的前方，以防止管片溜滑伤人。

(12)对现场施工人员进行安全交底，告知管片拼装时主要发生的危害因素及易发生事故类型，并针对性做好应急处置措施，设置安全警示标志。

6.2 管片拼装常见问题分析与处理

6.2.1 管片错台

盾构管片错台包括径向错台和环向错台。径向错台是指一环管片内，两相邻管片块接缝处存在的径向相对位移。环向错台是指相邻两环管片之间环向接缝处存在的相对位移。

1. 管片错台的原因

(1)管片复紧不到位，管片环间紧固力不够，使管片在拼装过程中收千斤顶之后往下掉，产生错台。

(2)盾尾间隙差使盾构机在掘进过程中盾尾压在管片上造成错台。

(3)千斤顶油缸行程差过大，使千斤顶与管片环向夹角过大，盾构机在掘进过程中，管片所受径向分力过大产生错台。

(4)拼装过小，封顶块预留间隙过小，在拼装过程中使用千斤顶强行顶推封顶块使之与上一环管片贴紧，造成错台。

(5)拼装过大，封顶块与邻接块的纵缝过大，使封顶块在不受千斤顶推力后往下掉。

(6)拼装成型的管片正圆度差。

(7)注浆压力不均匀，产生偏压，管片两侧所受压力不均匀产生偏移造成错台。

(8)上下注浆压力差调整不到位，使管片上浮或下沉造成错台。

(9)浆液效果差，初凝时间过长，管片在脱出盾尾后初期稳定性差，管片下沉产生错台。

(10)注浆量不够，管片上部与土体之间的间隙填充不饱满，使管片在脱出盾尾后上浮产生错台。

(11)盾构机在掘进过程中姿态纠偏过急，管片走势跟不上盾构机走势，使一侧盾尾间隙过小，盾尾压在管片上。纠偏过程中，千斤顶与管片环向夹角增大，径向分力增大，造成错台。

(12)铰接油缸行程差过大，使中前盾与盾尾夹角过小。若保证盾千斤顶与管片环向的夹角，则造成盾尾间隙过小，管片与盾尾的相对位置关系差。

(13)盾尾未清理干净便开始拼装，造成管片与盾尾之间的实际间隙过小。

(14)拼装时，管片环面与上一环管片环面平行度差，管片与管片的环面产生夹角，使管片在推进受力之后，管片与管片邻接处不能均匀受力，造成管片向外翻转产生错台。

(15)盾尾漏浆，导致浆液注入量不够，不能充分填充管片与土体之间的间隙。

(16)拼装过程中，有硬物掉入盾尾未及时取出，致使在推进下一环时硬物挤压管片造成错台。

2. 管片错台的控制措施

(1)拼装完成后下一环开始推进之后,对管片螺栓进行三次复紧。刚开始推进管片所受千斤顶推力增大之后进行第一次复紧,管理行程推进至 700 mm 后进行第二次复紧,推进完成准备收千斤顶时进行第三次复紧。

(2)控制好盾尾间隙,推进完成和拼装完成之后两次测量盾尾间隙,通过盾尾间隙的变化确定下一环盾构机的掘进走势以及管片的选型,保证盾尾间隙均匀。

(3)及时通过转弯环调整油缸行程差,避免因油缸行程差过大造成千斤顶与管片环面夹角过大。

(4)拼装时严格按照拼装规程执行,避免拼装过大或过小。

(5)推进过程中随时关注注浆压力变化,保证注浆压力均匀以及上下注浆压力差的调整。

(6)做好浆液初凝试验,保证浆液的初凝时间,确保浆液在管片脱出盾尾后对管片的初期稳定。

(7)掘进过程中保证浆液同步、均匀、充分地填充管片与土体之间的间隙。

(8)掘进过程中,盾构机纠偏遵循"勤纠缓纠"原则,避免盾构机纠偏过急造成盾尾间隙过小或千斤顶与管片环向夹角过大。

(9)掘进过程中随时注意铰接油缸行程差的变化,及时调整铰接油缸行程差。

(10)必须清理干净盾尾之后才能进行管片拼装。

(11)拼装时严格按照拼装规程拼装,保证管片环面之间的平行度。

(12)掘进时随时关注盾尾的漏浆情况。

6.2.2　管片破损

管片在运输、安装过程中,因各种原因会造成不同程度的少量外脱缺陷,主要表现为:螺栓孔混凝土崩裂、崩角、崩边,吊装孔混凝土崩裂、裂缝等。

1. 管片破损的原因

(1)管片生产过程中因混凝土原材料问题、配合比问题和养护问题而产生收缩裂缝。

(2)管片运输、翻转、堆放以及吊装过程中发生掉角、破损现象,严重影响外观质量和拼装质量。

(3)拼装时,由于管片环面之间及相邻两块管片间接触面达不到理想的平行状态,使得衬砌角部先受力而产生应力集中,而导致管片角部破碎。

(4)封顶块拼装时,由于先行拼装的 5 块管片圆度不够,两邻接块间隙太小,将封顶块强行顶入,导致封顶块及邻接块接缝处管片破碎,破碎部位发生在邻接块上部及封顶块两侧。

(5)千斤顶推力过大或者作用面不平整,导致管片与千斤顶撑靴接触的部位混凝土裂缝甚至破碎。

(6)拼装时螺栓难以穿入螺栓孔,敲打螺栓造成破损。

(7)同步注浆后,隧道上部的浆液会逐渐向下部流动,形成下部浆液多而上部浆液少的状况,引起管片上浮,上部管片与盾构机内壳间隙减小,推进时造成管片破碎。

(8)管片姿态还未完全稳定前,当二次注浆压力不均匀时,会使部分管片产生位移,位移管片与未发生位移的管片相互挤压会形成应力集中，容易产生环向破碎现象。

(9)管片错台导致管片破损。

2. 管片破损控制措施

(1)在搬运过程中轻吊慢放，着地时要平稳；堆放时不宜超过3层，并正确摆放垫木。

(2)吊放管片不得使用钢丝绳，应采用吊装带吊装。

(3)选择、摆放好垫木，在管片车上管片搁置部位设置橡胶条，以起到缓冲作用。

(4)按要求贴好脚部止水橡胶条、传力衬垫、橡胶板。

(5)拼装前，先测量前一环各管片之间的相互高差，包括环向和径向。根据实测数据，调整已粘贴好的纠偏锲子，以保证拼装后环面的平整度。

(6)拼装前清理上一环管片上的泥块及泥浆，保证环面清洁。

(7)拼装时保证初衬砌环圆度，块与块不错位。推进油缸的伸顺序应与管片拼装顺序一致。

(8)管片拼装过程中切忌野蛮操作，强行插入和敲打。

(9)推进前应仔细观察千斤顶撑靴与管片环面接触的平整度，对不平整处可增设橡胶楔子来调整，确认平整后再开始推进。

(10)盾构推进时，千斤顶推力设定一般不大于千斤顶最大推力值的2/3，操作过程中严格控制千斤顶编组压力差。

(11)盾构推进时，及时根据设计要求、盾构穿越土层的变化、上部荷载情况以及测量资料来调整各项施工参数，将盾构姿态严格控制在设计允许偏差范围之内。

(12)管片与盾构机壳间隙较小又必须进行纠偏时，可以在前半环顺着管片原轴线方向推进，待管片与机壳之间的缝隙增大后，后半环推进时再对盾构姿态进行调整，最终使盾构机与管片尽可能处于同心状态。

(13)同步注浆时，控制好注浆量的分布和注浆压力，尤其是在曲线段推进和纠偏时通过改变各个注浆孔的注浆量分配和注浆压力来调整管片姿态以及控制较大错台的发生。

(14)严格控制二次注浆压力，以防压力过大而使管片开裂。

6.2.3 管片上浮

1. 管片上浮的原因

对于围岩能够自稳的隧道，衬砌环脱出盾尾后不受地层压力作用，如果没有水或未凝浆液的作用，一般不会发生上浮。当处于富水地层或采用惰性浆液同步注浆时，衬砌环将会发生较大的上浮，且持续时间相对较短。管片上浮受到超挖、推力不均衡、纠偏、注浆压力不均衡等内外部因素的影响。

2. 管片上浮的控制措施

(1)选择适当的注浆浆液和注浆方法。

(2)注浆对管片产生的注浆压力小于管片注浆对管片产生的压力，所以应首先进行盾尾注浆。当浆液凝固达到一定强度后，再根据注浆情况进行管片二次注浆。

(3)选择适当的注浆参数。

(4)控制注浆压力。注浆过程中，靠增加注浆压力来改善注浆加固效果应慎重，因为增大注浆压力的同时也大大增加了对管片的压力，极易引起上浮。注浆压力一般控制在0.2～0.4 MPa。

(5)控制注浆量。土体渗透系数越大，浆液扩散半径越大，对管片产生的压力也越大。注浆时实际注浆量为理论空隙体积的130%～250%。浆液分配控制为：增大上部与下部两个注浆管注浆量和注浆压力，下部两个注浆管少注甚至可以不注。对于整环管片来讲，上部与下部的注浆量比例为2∶1至2∶0。

(6)控制注浆时间。在相同注浆压力下，浆液扩散半径及对管片的压力均随注浆时间的增长而增加，相比之下，对管片的压力增长更快。在施工中为防止注浆时间过长对管片产生不利影响往往待浆液初凝。

(7)控制浆液黏度。在相同的注浆压力和注浆时间条件下，随着浆液黏度的增大，浆液的扩散半径与对管片的压力均减小。在施工中通过控制浆液黏度和注浆压力，来控制浆液扩散半径。浆液黏度不能过大。

(8)控制盾构机姿态及参数。盾构机过量的蛇形运动必然造成频繁纠偏，纠偏过程就会使管片环面受力不均，所以必须控制好盾构机姿态，发现偏差时应逐步纠正，避免突然纠偏而造成管片环面受力严重不均。

(9)停止盾构掘进，对已上浮的管片通过注浆孔进行二次注浆。注浆材料以瞬凝双液浆最好，注浆压注顺序应顺着隧道坡度方向，从隧道拱顶至两腰，最后压注拱底。终止注浆以打开拱底注浆孔无渗水为条件，以防止盾构恢复掘进后管片继续上浮。

(10)在管片拼装时，运渣车装满渣土，停在桥架前，靠其重量平衡管片的上浮力，从而控制管片拼装时的上浮。

6.2.4 管片渗漏水

1. 管片渗漏水原因

(1)管片自身问题：管片在制作和养护过程中都可能使自身出现质量问题，如裂缝等。

(2)管片壁后注浆：注浆是隧道的第一道防水，同步注浆不饱满，直接影响防水的效果。

(3)防水材料：管片在使用前需要粘贴防水材料，防水材料粘贴不严密时容易导致管片接缝漏水。

(4)施工过程中产生的问题：由于掘进时盾构机姿态控制不够好及管片拼装时操作不规范，相邻管片之间的止水条贴合不严密，从而导致管片渗漏；掘进行程不足时，可能导致封顶块拼装困难，止水条损坏而引起漏水；掘进时推力过大，管片破损致漏水。

2. 管片渗漏水的控制措施

(1)加强管片生产过程的监督

管片场应加强对管片模具精度的控制，并控制好混凝土配比。尤其是管片制作与养护过程中要加强管理，以免发生蜂窝、麻面、裂纹等管片质量问题。

管片吊运时，动作轻缓，要尽量避免发生碰撞，一旦发生碰撞造成缺边掉角后，定要及时进行修补。

在管片存放时，管片场地要做好硬化处理，管片与地面、管片与管片之间按规范要求设置好垫块。

(2)防水材料的粘贴

防水材料按要求粘贴。粘贴面应保持干燥、干净、坚实、平整。粘贴时用刷子将胶粘剂均匀涂刷在两个粘贴面上,第一遍涂刷后待表面初干,再涂刷第二遍,约 15 min 使溶剂挥发至用手轻触胶膜稍黏而不沾手时,将两个粘贴面合在一起压实。嵌缝槽内不得有渗漏水部位,否则应先进行堵漏处理。嵌缝槽如有缺损应先进行修补。嵌缝槽内不得有积水和污物,否则应先进行清理。

(3)控制同步注浆压力与注浆量

同步注浆是隧道的第一道也是非常重要的防水线,同步注浆的饱满与否直接影响到隧道的防水效果。注浆压力取决于地质情况和地下静止水压力,注浆压力和注浆量控制以确保充填全部建筑空隙。注浆作业操作要有丰富的经验,过高的压力将导致浆液从盾尾窜入,影响盾构机正常掘进。压注时要根据实际施工情况、地质情况对压浆数量和压浆压力二者兼顾。最初的注浆压力是根据理论的静止水压力确定,在实际掘进中不断优化。如果注浆压力过大,会导致地面隆起和管片变形,还容易漏浆。如果注浆压力过小,则浆液填充速度赶不上空隙形成速度,又会引起地面沉陷。一般情况下,注浆压力取 1.1～1.2 倍的静止水压力,约 0.3 MPa。

6.3 管片应用案例

6.3.1 通用环与标准环组合使用案例

成都地铁 4 号线明蜀王陵站～西河站盾构区间位于成都市龙泉驿区境内,盾构区间隧道起于明蜀王陵站东段 2 号明挖区间,止于西河站西端 3 号明挖区间。盾构区间起讫里程为 YDK43＋999.3～YDK44＋900.700,ZDK43＋001.135～ZDK44＋900.700,左线线路总长 890.7 m,短链长 8.840 m,右线线路总长 894.3 m,短链长 7.105 m,全线总长为 1 785 m。区间隧道拱顶最大覆土埋深 18 m,最小埋深 4.1 m,最小曲线半径 700 m,最大坡度 28‰,最小坡度 16‰(车站过渡段 2‰),相应附属工程含 4 个洞门、1 个联络通道兼泵房。盾构区间下穿的主要建筑物有绕城高速、燃气管线及成花铁路等。

盾构隧道外径 6 m、内径 5.4 m,采用圆形装配式钢筋混凝土管片单层衬砌,管片厚 0.3 m,宽幅 1.5 m,其混凝土强度等级不小于 C50,抗渗等级不低于 P12。每环衬砌环由 6 块管片组成,其中 1 块封顶块、2 块邻接块、3 块标准块。采用 4°楔形块接头角和 9°插入角,专门设计左、右转弯楔形环,通过与标准环的组合来达到满足曲线地段线路拟合及施工纠偏的需要。楔形环楔形量 38 mm,为双面楔形式,衬砌环纵、环缝采用弯螺栓连接,其中 1.5 m 幅宽的管片纵缝间采用 12 根 M27 螺栓连接成环,相邻环缝间采用 10 根 M27 螺栓连接。

6.3.2 大直径通用楔形管片拼装案例

武汉长江隧道是大直径泥水盾构过江隧道工程。盾构隧道管片外径 11 m,内径 10 m,管片环宽 2 m,厚度 500 mm,采用双面楔形的通用管片,楔形量 55 mm,为 9 块等分的“大楔形封顶"分块形式。每环管片由 1 环封顶块 F(小封顶块 1/3 纵向插入)、2 块邻接块 L 和 6 块标准块 B 构成。环与环间以 38 根 M30 的纵向斜螺栓相连,块与块间以 30 根 M36 的环向斜螺栓相连。

1. F 块点位选取

大直径盾构在地下受到外力的影响,使盾壳产生微量的变形为椭圆形,因此当测量盾尾间隙会发现四个斜角的间隙要比四个正方向的间隙小一些。当盾构在大曲线段时,很容易造成管片的外弧面的破损,在此情况下点位的选取和管片的拼装质量更为重要。

通常情况下,点位放在盾尾间隙较大和油缸行程较短的位置,但实际上,有时因考虑的侧重点不同,技术人员选择的点位会出现相互矛盾的情况。例如底部盾尾间隙小但油缸行程却也短,这种情况会让技术人员难以确定点位,当楔形量不能同时满足两个因素时,应尽量使其中一个保持最小,使盾构机能获得最大的推进力,并使侧向分力减小,便于盾构机遵循预定线路前进。因此,应优先考虑管片趋势。

直线段施工时,理论上,管片拼装时 F 块可以交替放在圆心对称的位置。但是,为了保证拼装精度,应避免 F 块出现在隧道下部。

武汉长江隧道的管片属于楔形,最宽处为 B3、B4 接缝处,长 2 025 mm,最窄处为 F 块的中心,长 1 975 mm ,楔形量 50 mm。楔形的管片的优点正是能满足隧道曲线段的施工。曲线段盾构施工的基本原则是盾构轴线与管片轴线始终沿曲线割线方向。

2. 管片安装

管片选型以满足隧洞线型为前提,重点考虑管片安装后盾尾间隙要满足下一掘进循环限值,确保有足够的盾尾间隙,以防盾尾直接接触管片。本工程采用通用管片,管片选型时尽量使 F 块位于隧道上半断面,安装尽量从隧洞底部开始,然后依次安装相邻块,最后安装封顶块。这样可以减小纵缝张开量,有利于管片封顶块的安装。封顶块安装前,对止水条进行润滑处理,安装时先径向插入 50cm,调整位置后缓慢纵向顶推。管片块安装到位后,及时伸出相应位置的推进油缸顶紧管片,其顶推力大于稳定管片所需力,然后方可移开管片安装机。

在管片环脱离盾尾后要对管片连接螺栓进行二次紧固。根据武汉长江隧道工程设计轴线控制标准、盾构机设计参数(盾构机长度、盾尾间隙等)制订盾构姿态控制与管片拼装标准见表 6-2,盾构姿态控制标准见表 6-3。

表 6-2 管片拼装质量控制标准

水平偏差(mm)	竖向偏差(mm)	椭圆度	管片与盾构中心偏差(mm)	最小盾尾间隙(mm)		管片环面不平整度(mm)	管片接缝(mm)		管片错台(mm)	
				直线段	曲线段		纵缝	环缝	纵缝	环缝
100	100	2‰ (5‰)	15	5	10	3	2	1	115	10

在实际拼装过程中,很难控制在标准状态内,特别是管片姿态不好,盾尾间隙过小时,在拼装时应尽量满足最小盾尾间隙的要求。拼装时,在盾尾间隙较小的位置,管片可以根据实际情况向内错台,错台不大于 1 cm。

表 6-3　盾构姿态控制标准

水平偏差（mm）	竖向偏差（mm）	椭圆度	滚动	上下倾斜	左右倾斜	每环的最大纠偏量(mm)
100	100	0～1‰	2%	2%	2%	10

7 管片缺陷预防与治理

7.1 管片主要缺陷

7.1.1 气泡

现象：管片表面存在不同大小的圆状小坑，聚集成麻面，面积大于管片面积的5%。

1. 原因分析

混凝土在振捣过程中，混凝土与钢模之间的空气不能全部排出，滞留的空气占用一定的空间，拆模后就形成气泡。产生气泡的主要原因有：

(1)脱模剂黏度过大

黏度较大的油性脱模剂在振捣过程中极易与水亲合，在钢模板与混凝土之间形成油水混合物。同时管片钢模具精度高，误差只有0.4 mm，密封性好，极易造成空气集中在模具的侧板和管片侧面的结合处无法排出，脱模后就形成了气泡孔。

(2)坍落度的影响

坍落度大易使混凝土在模具中凝固时就会有较多的气泡集中在模具的侧板上，脱模后就形成较多的气泡；坍落度较小则振捣过程中混凝土将凝固过快。因此在混凝土预制件中，对混凝土的坍落度都有很严格的要求。

(3)人工操作的影响

振捣过程中，因工人操作的技术熟练程度的不同，对质量有一定的影响。工人操作时容易使振动棒碰到钢模和钢筋笼，振捣的均匀性差，易使气泡集中于局部而形成较大的空洞。

2. 预防措施

(1)合理选择脱模剂

选择黏度小、不含引气剂的脱模剂。

(2)严格控制坍落度

坍落度对混凝土凝固后的强度和气泡的产生都有影响，所以在配制混凝土时要严控制坍落度。尤其是夏天，气温易造成坍落度的损失过大。因此要在混凝土配合时加入一定数量的缓凝剂。

(3)加强振捣

选用振动台振捣效果更好更均匀。如选择人工振捣，只能靠加强工人的操作培训，提高工人的技术熟练程度来改善振动效果。

振捣时间以混凝土表面停止沉落或沉落不明显、表面冒泡不显著、模具边角充实并有灰浆出现为宜。以单块管片平均 1.5 m^3 混凝土为例，根据长期观察和对比，发现振捣时间在 5 min±1 min 比较适合，即以 3～4 min/m^3 的参数控制超管片振捣时间是适宜的。

7.1.2 裂纹

1. 原因分析

(1)温度的影响

①混凝土内外温差较大，内部产生压应力，表面产生拉应力，表面收光的时间控制不合理。

②管片蒸养过程中，升温与降温控制不严，产生温度应力裂纹。

(2)混凝土分布的影响

由于混凝土凝固、坍落度和振捣等因素的影响，混凝土在钢模内不能均匀分布，不均匀的地方凝固速度不同，就会产生裂纹。

(3)原材料的影响

①水泥安定性不合格，游离的氧化钙、氧化镁等含量超标。

②砂石中云母含量较高、砂石中含泥量过大及有机质过多都会降低混凝土表面抗拉强度。

③外加剂和水中的氯化物含量较大，对碱骨料反应有影响。

2. 预防措施

(1)尽量减少温度的影响

①可选用低水化热、低收缩性的水泥，加入粉煤灰，减小水化热。夏天施工时最好在上午 10 时以前完成或下午 3 时以后开始。

②加强管片的初期养护，混凝土初凝时要放出大量的热，必须要洒水养护，以确保混凝土均匀地凝固。严控管片的收光时间，收光完成后蒸养前的静停时间内对管片外露面覆盖湿养，防止水分损失过大。

③蒸汽养护时，将蒸汽养护的帆布套在模具上，下部同地面接触部用方木压实，在帆布套上预留的小孔中插入温度计。通入蒸汽，应使整个模具均匀地升高温度，升温速率在 15～20 ℃/h，最高养护温度 50～60 ℃/h，恒温 3～4 h。降温则缓慢自然冷却。

(2)严格控制混凝土的坍落度

坍落度控制在 70 mm±10 mm。

(3)加强原材料的检测

①对进场水泥进行安定性试验，检测氧化镁含量和碱含量。

②对砂石料中含泥量、有机物含量进行检测，选择合理的砂石配比。

③对搅拌用水进行 pH 值、氯离子含量等检测，选择高效外加剂，降低水灰比。

7.1.3 色差

1. 原因分析

(1)原材色差

原材料产地、材质、品种的不同会导致管片产生不同色差,尤其是水泥和粉煤灰影响最大。

(2)配合比色差

配合比发生变化,尤其粉煤灰用量发生变化,易导致混凝土颜色差异。

(3)养护色差

蒸养时蒸汽的湿度和蒸养时间不一;水养中时水中含有过量的碱性成分,均会导致色差。

2. 预防措施

(1)同批管片选择同一配合比、同一批的水泥和粉煤灰。

(2)蒸养过程中确保蒸养时间和蒸汽的湿度相同;水养时使用漫水掩护,定期检查养护用水。

7.2 产生缺陷后的修补

7.2.1 气泡缺陷的修补

1. 管片小蜂窝、小气泡

(1)用水把修补的部位湿润(达到吸水均匀饱和的效果,不能有积水)。

(2)用海绵粘上修补水泥浆在两侧均匀涂抹,直到把蜂窝、气泡都填满抹平。

(3)要求修补面干后管片颜色一致,表面光滑平整。

2. 较大的气泡、孔洞、蜂窝麻面(直径 10～25 mm、深度 10 mm 以下)

(1)用水把需要修补的部位湿润(达到吸水均匀饱和的效果,不能有积水);

(2)用尖匙把修补砂浆填补到气泡、孔洞里,直至填满;

(3)15 min 后检查修补情况,如果结合紧密则再次用修补砂浆填满找平抹光滑,如有剥离现象则需重新修补。

7.2.2 裂缝、缺角和掉边缺陷的修补

用环氧树脂砂浆修补,配制时砂需经炒干调配,操作中保持通风良好,调配好的砂浆应在 30 min 内使用完成。

(1)用工具把崩、缺角部位混凝土敲掉直至碎石全部露出,将修补表面清理干净;

(2)将搅拌后的环氧树脂砂浆涂抹于接合面,用灰匙、平镗初修饰成型;

(3)5 min 后检查混凝土结合情况。如果结合紧密则再次填满找平涂抹光滑,如有剥离现象或裂纹,则重新修补。

8 管片新技术应用与发展趋势

管片技术，作为地下工程建设中的核心技术，直接关系到工程的安全性、经济性和施工效率。随着科技的进步，管片技术也在不断创新和发展。本章旨在探讨管片新技术应用及其发展趋势，为相关领域的实践和研究提供有益的参考。

8.1 管片技术概述

管片技术是一种通过预制混凝土管片进行拼装形成隧道衬砌的施工方法。该方法具有施工速度快、环境影响小、结构强度高等特点，因此在隧道、地铁、水利工程等领域得到了广泛应用。管片的设计通常采用圆形或近似圆形的截面，根据不同的地质条件和设计要求，可以选择相应的直径和厚度。

8.2 自动化流水线的应用

相比较于传统的盾构管片生产模式，管片自动化流水线生产已经逐渐成为行业发展的主流。

8.2.1 管片自动化流水线的工作原理

由于在管片制作过程中，有三个时间是必须保证的，一是管片浇筑后的静停时间，根据实际经验要 1～2 h；二是蒸养时间，一般不少于 4 h；三是混凝土搅拌时间，每盘最快也要 5 min。这样就确定了生产节拍是 5 min，也就是说生产线在正常生产的时候，每 5 min 就要浇筑一个模具，同时由于静停时间的制约就必须使用至少 2 条生产线，又由于生产时间的制约，养护线至少是 3 条。以 10 套模具为例，2 条生产线、3 条养护线是最为合理的。

自动化流水线由控制系统、生产线、养护线、振动台、平移小车、浇筑系统和养护系统组成。

1. 控制系统

自动化流水线的控制系统非常关键，它是整条线的大脑，生产线上的所有动作指令都是由控制系统发出的，并且，它要使生产线的每个动作都要协调一致。控制系统是由电脑软件通过 PLC 控制各个驱动电机，由驱动电机或者驱动电机带动液压泵站来完成相应的动作，其中包括：平移小车前后行走、模具移动、养护窑门的升降、振动台顶升和下降、模具夹紧和松开、振动电机的启动和停止、混凝土料斗的移动和下料等一系列动作。当各个动作到位后都有相应的传感器或接近开关把动作情况反馈给 PLC，PLC 做出判断后就会做出下一个动作。

2. 平移小车

平移小车是把模具从生产线运送到养护线和从养护线运送到生产线的转运设备。它是一个液压系统，所有动作都是液压驱动。每条线的模具在动作之前，小车都要在这条线的两端。因为，有一个模具在其中的一个车上向前推出，另一个小车就必须在这条线的另一端接前面的模具，小车把等待养护的管片运送到养护窑养护，把养护好的管片运送到生产线脱模，这样就形成了循环。

3. 浇筑系统

浇筑系统是用来完成管片浇筑成型的组成单元。它的构成非常简单，就是一个可以在两条生产线上方只能垂直生产线方向行走的料斗小车。料斗小车只有两个动作，一是前后行走来对准每条线的模具下料口，二是料斗门的开关来完成混凝土的浇筑。

4. 振动台

振动台是管片生产的必要设备。在自动化流水线上必须采用整体式振动台，即模具与振动台通过机械方式固定在一起，随同振动台整体振动，达到混凝土振实的目的。振动台一般要分成前后两个台，模具横跨在两个振动台上。振动的时候需要气囊顶起来之后振动，这样就可以尽量减小对振动台基础的振动。以沈阳地铁 1 号线的管片为例，一个标准块的管片重量是 3 t，模具重量是 4 t，再加上振动台本身 1 t 重量，就需要在每个振动台上安装两个振动电机，每个振动电机的功率是 3 kW。为了在振动的时候不发生共振，要尽量通过变频器把频率提高到 65～70 Hz。

5. 养护系统

养护系统是由热源、温度传感器、温度控制器组成。管片养护的温度要求相对比较严格，升温速度不超过 15 ℃/h，降温速度不超过 20 ℃/h。管片养护分为预养(与静停同时进行)、升温、恒温、降温四个过程。每个区域都在温度控制器上设定好温度范围，温度控制器会根据传感器反馈回来的温度自动控制各个区域的温度，来保证管片的蒸养条件。

8.2.2 管片自动化流水线的优点

1. 节省投资与提高生产率

目前，在国内固定式生产管片厂家，每天最多只能打三翻，而自动化流水线可以实现四翻，也就是同样 10 套模具固定式生产每天可以生产 30 环，采用自动化流水线可以每天生产 40 环，生产率提高了 33%。以每天生产 60 环为例，采用自动化流水线生产可以减少 5 套模具投资，以每套 80 万元计算，扣除生产线成本 200 万元，大约可节约资金 200 万元。

2. 节省人力成本

由于固定式生产，操作人员要行走于各个模具之间，并且要在每个模具上下。自动化流水线则不需要操作人员过多走动，完成一个模具之后只要原地等待下一个模具即可，而且在固定的工作台上也减少了上下。这些使操作人员节省了很多体力,因此也相应节省了一部分人力。以同样生产 40 环为例,可以节省操作人员至少 10 人。

3. 养护温度控制容易

管片生产对蒸养的要求非常高。固定式生产一般只能是在每个模具的养护罩上安装温度计,养护人员需要在所有模具之间来回巡视,由养护人员来操作蒸汽阀门控制温度。自动化流水线是在养护窑内蒸养,温度通过传感器传给控制系统,由中央控制系统发出指令控制蒸汽阀门管片以达到控制温度的目的,相对来说会更加稳定可靠,避免了人为因素的影响。

8.2.3 自动化流水线的局限性

自动化流水线在现代工业生产中发挥着重要的作用,然而,它也存在一些局限性。这些局限性在混凝土生产领域尤为明显。

1. 自动化流水线对混凝土的要求高

自动化流水线的生产过程需要混凝土具有一定的坍落度和初凝速度。如果混凝土的坍落度过大,可能会导致在管片外弧面的下端产生堆积现象,从而影响管片的外观质量。相比之下,固定式生产则不会受到这种限制。因此,为了确保自动化流水线的正常运行,技术人员和拌和站操作人员需要严格控制混凝土的坍落度,并仔细研究混凝土的配比,以使其初凝时间适应生产线的需要。

2. 自动化流水线对设备的要求高

设备的可靠性是制约自动化流水线生产效率的关键因素。在自动化流水线中,振动台、平移小车和控制系统都是非常重要的部分。一旦这些设备出现问题,可能会导致生产线停顿,使线上的所有操作工人处于长时间的等待状态,造成极大的浪费。因此,在选择设备时,必须确保其在这三个关键点上的可靠性。而固定式生产则不会受到这些设备问题的制约,即使一个模具出现问题,也不会对生产造成太大的影响。

3. 自动化流水线对工人的熟练程度要求高

在自动化流水线的生产过程中,工人需要在规定的时间内完成本工序的操作。如果工人的熟练程度不够,可能会导致生产线的停顿,从而影响整个生产过程。因此,为了确保自动化流水线的顺畅运行,需要对工人进行严格的培训和考核,确保具备足够的熟练程度。

因此,在引入自动化流水线时,需要充分考虑上述因素,并采取相应的措施来克服这些局限性,以确保自动化流水线的顺利运行和生产效率的提高。

8.3 管片新技术应用

8.3.1 高性能材料的应用

为了提高管片的耐久性和承载能力,新型高性能混凝土材料在管片生产中得到了广泛应用。这些材料如高强混凝土、纤维增强混凝土、自密实混凝土等,不仅提高了管片的抗裂性和抗渗性,还增强了其使用寿命和安全性,提升了隧道防水能力。

8.3.2 数字化设计与制造

随着计算机辅助设计(CAD)和计算机辅助制造(CAM)技术的发展,管片的设计和生产过程实现了数字化。这种数字化技术不仅提高了设计精度,而且通过自动化生产线,显著提高了生产效率和质量控制水平。

8.3.3 智能监测技术

在管片拼装过程中,引入了基于传感器的智能监测技术。这些传感器能够实时监控管片的安装状态,确保安装精度。同时,通过在管片中嵌入传感器,可以对隧道的健康状况进行长期监测,及时发现并处理潜在的安全隐患。

8.3.4 环保型管片

随着环保意识的提高,环保型管片的开发和应用成为一个重要趋势。这些管片在材料选择和生产过程中都充分考虑了环保因素,如新型蠕变混凝土、高效节能混凝土等,以替代传统材料。这些材料不仅在性能上有所提升,也能减少能源和材料的消耗,减少废弃物排放。

8.3.5 预埋承插式管片

预埋承插式管片在拼装过程中,工作人员只需要遥控拼装机,就能完成两块管片的拼装。这一管片工艺类似中国古建筑中的榫卯结构,管片设计采用凹凸结合的连接方式,将管片紧密拼插在一起,省去人工拧螺栓的步骤,在连接头设计以及拼装操作等环节,都能做到精准化匹配、标准化操作,既节省了人力,成环精度也进一步提升,减少了渗漏水等情况的发生。此外,还能提高隧道的抗变形能力,提升隧道环形的受力性能,极大地减轻后期隧道运维的压力。

8.3.6 管片光电融合感知自动拼装

管片光电融合感知自动拼装技术结合拼装机状态监测和反馈控制技术,增加光学杠杆效应,提高了拼装精准度,可以把大吨位管片的拼装误差控制在 3 mm 内,目前,该项目技术已可以实现辅助和替代人工拼装方式,作为盾构机拼装机的组成部分辅助挖掘隧道工程,提高了隧道工程施工的质量和效率。

8.4 未来展望与趋势预测

随着科技的不断进步和应用需求的持续增长,管片技术正迎来更加广阔的发展空间和前所未有的发展机遇。

1. 技术创新与升级

未来,管片技术将继续向更高效、更智能、更环保的方向发展。通过引入新材料、新工艺和新技术,管片产品的性能将得到进一步提升,生产成本将进一步降低,从而为地下工程的安全、高效和绿色发展提供更加坚实的支撑。

2. 智能化与自动化

随着人工智能、大数据等技术的快速发展，管片技术的智能化和自动化水平将不断提高。通过引入智能设备和系统，管片生产过程中的自动化程度将得到提升，生产效率和质量将得到显著提高。同时，智能化技术还将有助于实现对管片产品性能的实时监测和预警，提高地下工程的安全性和可靠性。

3. 多元化与定制化

随着地下工程领域的不断拓展和应用需求的多样化，管片产品将呈现出多元化和定制化的趋势。未来，管片技术将根据不同工程的需求，提供更加多样化的产品选择，同时满足个性化、定制化的生产需求，这将为地下工程的设计和施工提供更加灵活和便捷的解决方案。

4. 绿色与可持续发展

绿色与可持续发展是未来管片技术发展的重要趋势之一。通过采用更加环保的材料和生产工艺，管片技术将降低对环境的影响，实现绿色化生产。同时，积极探索废旧管片的回收利用途径，推动资源的循环利用，为可持续发展作出贡献。

管片技术作为地下工程领域的关键技术之一，正迎来前所未有的发展机遇和挑战。面对未来，需要继续加强技术创新，推动智能化和自动化发展，满足多元化和定制化的需求，实现绿色与可持续发展。

参考文献

[1] MAID B, HERRENKNECHT M, ANHEUSER L. Mechanised shield tunnelling (2nd Edition) [M]. Berlin: Ernst&Sohn A Wiley Company, 1996.

[2] 曹彦国,张永远.盾构施工技术[M].北京:中国铁道出版社有限公司,2021.

[3] 廖冬明,孟伟峰,高钟伟.自动化生产线在市政管片厂的应用[J].现代隧道技术,2012,49(2):86-91.

[4] 谈永泉,杨鼎宜.我国预制混凝土衬砌管片技术现状及发展趋势[J].混凝土与水泥制品,2008,(4):25-29.

[5] 刘锦涛.预制混凝土管片自动生产线及控制系统介绍[J].混凝土与水泥制品,2020,(8):81-82.

[6] 王伟鹏.地铁盾构管片智能制造技术的研究与应用[J].水利水电施工,2021,(4):117-123.

[7] 祝振南,郭红仙.地热利用型盾构法隧道施工探索——以清华园隧道能源管片设计、制作及安装为例[J].隧道建设(中英文),2019,39(4):667-683.

[8] 曹东洋,何川.盾构隧道衬砌结构内力计算方法的对比分析研究[J].地下空间与工程学报,2005,1(5):707-712.